HEYNE MILLENNIUM

Louise L. Hay

Die Kraft einer Frau

Der weibliche Weg zur Selbstheilung

Aus dem Amerikanischen
von Thomas Görden

WILHELM HEYNE VERLAG
MÜNCHEN

Titel der amerikanischen Originalausgabe:
Empowering Woman.
Erschienen bei Hay House, Santa Monica / Kalifornien

Copyright © 1996 by Hay House
Copyright © 1997 der deutschen Ausgabe
by Wilhelm Heyne Verlag GmbH & Co. KG, München
Umschlaggestaltung: Atelier Ingrid Schütz, München
Satz: Leingärtner, Nabburg
Druck und Bindung: Wiener Verlag, Himberg
Printed in Austria

ISBN 3-453-13028-6

Es ist an der Zeit,
daß Frauen die Schranken der Selbstbegrenzung
überwinden.
Sie können viel mehr sein,
als Sie je für möglich gehalten hätten.
Sie können ein Leben führen,
in dem sich Ihre kühnsten Träume verwirklichen.

Inhalt

Über dieses Buch

Etwas Altes, etwas Neues. Dieses Buch, das Frauen dazu ermutigen soll, ihr wahres Potential zu leben, enthält einige meiner früheren und viele neue Ideen. Indem wir uns immer wieder die Grundlagen vor Augen führen und ihnen zugleich Neues hinzufügen, erschaffen wir ein solides Fundament für die Zukunft. Frauen dabei zu helfen, die Kontrolle über ihr Leben zu bekommen und ihre Fähigkeiten zu entfalten, ist das Beste, was wir für den Planeten tun können. Wenn Frauen unterdrückt werden, wird die Welt dadurch ärmer. Wenn Frauen gewinnen, gewinnen wir alle.

Louise L. Hay

»Etwas Neues und Frisches hervorzubringen funktioniert viel besser, wenn man gleichzeitig mit dem Erträumen des Neuen das Bisherige aufmerksam vervollständigt und zum Abschluß bringt.«

Christiane Northrup

Einleitung

Zuallererst: Denken Sie immer daran, daß alle Lehrer nur Sprungbretter auf dem Weg Ihrer Persönlichkeitsentwicklung sind. Das gilt auch für mich. Ich bin keine Heilerin; ich heile niemanden. Ich bin hier, um Ihnen, indem ich meine Ideen mit Ihnen teile, dabei zu helfen, Ihr Potential zu entdecken und ein Leben nach Ihren Wünschen zu führen. Ich empfehle Ihnen dringend, viele Bücher zu lesen und von vielen Lehrern zu lernen, denn kein Mensch und kein System kennt alle Antworten. Das Leben ist zu gewaltig, um es völlig zu verstehen, und das Leben selbst wächst und entfaltet sich unaufhörlich. Ziehen Sie also den bestmöglichen Nutzen aus diesem Buch. Absorbieren Sie diese Ideen, nutzen Sie sie und gehen Sie dann weiter zu anderen Lehrern. Seien Sie stets bestrebt, Ihr Verständnis des Lebens zu erweitern und zu vertiefen.

Allen Frauen, auch Ihnen und mir, sind von Kindheit an Schuldgefühle eingeredet worden. Wir wurden von unseren Eltern und von der Gesellschaft auf bestimmte Denk- und Verhaltensweisen programmiert, darauf, eine Frau zu sein, mit allen Regeln, Erwartungen und Frustrationen, die das mit sich bringt. Einige von uns sind sehr zufrieden damit, diese Rolle zu spielen. Viele von uns sind es nicht.

Das Leben vollzieht sich in Wellen, in Lernerfahrungen und Evolutionsphasen. Gegenwärtig befinden wir uns in einer wunderbaren Phase der Evolution. Lange Zeit hindurch waren die Frauen völlig den Launen und Glaubensvorstellungen der Männer ausgeliefert. Uns wurde gesagt, was wir tun könnten, wann wir es tun könnten und wie. Ich weiß noch, daß mir in meiner Kindheit beigebracht wurde, stets zwei Schritte hinter einem Mann zu gehen, zu ihm aufzuschauen und ihn zu fragen: »Was soll ich denken, und was soll ich tun?« Das wurde mir nicht wörtlich so beigebracht, aber ich beobachtete meine Mutter, und da sie sich so verhielt, erlernte ich dieses Verhalten von ihr. Sie war dazu erzogen worden, Männern widerspruchslos zu gehorchen. Daher akzeptierte sie Gewalt und Mißbrauch als normal, und das tat ich auch. Das ist ein perfektes Beispiel dafür, wie wir unsere Verhaltensmuster erlernen – indem wir die Verhaltensweisen und Denkmuster unserer Eltern übernehmen und wiederholen.

Es dauerte lange, bis ich erkannte, daß ein solches Verhalten keineswegs normal war, und daß ich es als Frau nicht verdiente, auf eine solche Weise behandelt zu werden. Während ich allmählich mein inneres System von Glaubenssätzen – mein Bewußtsein – veränderte, entwickelte ich Selbstachtung und

Selbstvertrauen. Gleichzeitig veränderte sich auch meine Umwelt, und ich zog nicht länger Männer an, die dominant und gewalttätig waren. Selbstwertgefühl und Selbstachtung sind das Wichtigste, was eine Frau besitzen kann. Wenn wir noch nicht über diese beiden Eigenschaften verfügen, dann müssen wir sie unbedingt entwickeln. Besitzen wir ein starkes Selbstwertgefühl, werden wir keine Situationen akzeptieren, in denen wir uns in einer Opferrolle befinden und mißbraucht werden. Wir lassen nur dann zu, daß andere uns beherrschen und bevormunden, wenn wir innerlich akzeptieren und glauben, wir wären »nicht gut genug« oder wertlos.

Heute widme ich mich in meiner Arbeit ganz der Aufgabe, Frauen dabei zu helfen, alles zu werden, was sie sein können, und in dieser Welt wirkliche Gleichberechtigung zu erreichen. Ich möchte dazu beitragen, daß alle Frauen Selbstliebe, Selbstachtung und ein starkes Selbstwertgefühl entwickeln und einen machtvollen Platz in dieser Gesellschaft einnehmen. Dabei geht es nicht darum, Männer in irgendeiner Weise herabzusetzen, sondern eine wirkliche Gleichheit zwischen den Geschlechtern zu erreichen, von der beide gleichermaßen profitieren.

Während Sie dieses Buch lesen und mit ihm arbeiten, sollten Sie immer daran denken, daß Veränderungen im Denken und Verhalten Zeit brauchen. Wie lange dauert es? Sie könnten fragen: Wie rasch können wir neue Ideen aufnehmen und akzeptieren? Das ist bei jedem Menschen anders. Behindern Sie Ihre persönlichen Fortschritte also nicht dadurch, daß sie sich einen zu eng gesteckten Zeitrahmen set-

zen. Machen Sie Ihre Arbeit einfach so gut Sie können, dann wird Sie das Universum mit seinem gren-
zenlosen Wissen in die richtige Richtung führen.
Schritt für Schritt, von Augenblick zu Augenblick,
von Tag zu Tag bringt uns beharrliches Üben dorthin, wo wir gerne sein möchten.

1. KAPITEL

Den Anfang machen:
Wir haben viel zu tun und viel zu lernen

Ich möchte Ihnen an einem perfekten Beispiel veranschaulichen, wie Frauen in der Vergangenheit programmiert worden sind. Hier ist ein Auszug aus einem Hauswirtschaftslehrbuch aus den fünfziger Jahren. Wortwörtlich steht dort folgendes:

1. *Bereiten Sie pünktlich das Abendessen zu.* Planen Sie rechtzeitig, am besten schon am Abend zuvor, um zur rechten Zeit eine köstliche Mahlzeit für ihn bereithalten zu können. Dadurch spürt er, daß Sie an ihn gedacht haben und für seine Bedürfnisse sorgen. Die meisten Männer sind hungrig, wenn sie nach Hause kommen, und die Aussicht auf eine gute Mahlzeit ist Teil der herzlichen Begrüßung, die sie daheim brauchen.
2. *Bereiten Sie sich selbst vor.* Nehmen Sie sich 15 Minuten Zeit, sich auszuruhen, damit Sie gut erholt sind, wenn er nach Hause kommt. Frischen Sie Ihr Make-up auf, stecken Sie sich eine Schleife ins Haar und achten Sie auf ein frisches Äußeres. Er hat gerade einen Tag umgeben von lauter von der Arbeit erschöpften Leuten hinter sich. Seien Sie fröhlich und interessanter für ihn. Nach einem langweiligen Tag freut er sich über etwas Aufmunterung.

3. *Schaffen Sie Ordnung im Haus.* Gehen Sie, kurz bevor er eintrifft, noch einmal durch die Zimmer und heben Sie Schulbücher, Spielzeug, Papier usw. auf. Wischen Sie dann mit einem Staubtuch über die Tische. Dann wird Ihr Mann das Gefühl haben, in einem sicheren Hafen der Ruhe und Ordnung angelangt zu sein, und auch Sie werden sich gleich viel besser fühlen.

4. *Bereiten Sie die Kinder vor.* Nehmen Sie sich ein paar Minuten Zeit, um den Kindern Gesicht und Hände zu waschen (wenn sie noch klein sind), sie zu kämmen, und ihnen, falls nötig, saubere Kleidung anzuziehen. Sie sind kleine Schätze, und er möchte gerne, daß sie diese Rolle auch spielen, wenn er heimkommt.

5. *Sorgen Sie für Ruhe.* Wenn er eintrifft, sollte er nicht durch den Lärm von Waschmaschine, Wäschetrockner, Geschirrspüler oder Staubsauger belästigt werden. Versuchen Sie, die Kinder dazu zu bringen, daß sie leise sind. Freuen Sie sich, ihn zu sehen. Begrüßen Sie ihn mit einem warmherzigen Lächeln.

6. *Was Sie unbedingt vermeiden sollten*: Behelligen Sie ihn bei seiner Ankunft nicht mit Problemen und Klagen. Beschweren Sie sich nicht, wenn er zu spät zum Essen kommt. Gemessen daran, was er an diesem Tag möglicherweise durchgemacht hat, ist das von geringer Bedeutung. Sorgen Sie dafür, daß er sich wohlfühlt. Bieten Sie ihm einen bequemen Sessel an oder schlagen Sie ihm vor, daß er sich einen Moment im Schlafzimmer niederlegt. Halten Sie, je nach Bedarf, etwas Kühles oder Warmes zu trinken für ihn bereit. Schütteln Sie ihm das Kissen auf und bieten Sie an, ihm die

Schuhe auszuziehen. Sprechen Sie mit leiser, sanfter, beruhigender, angenehmer Stimme. Ermöglichen Sie es ihm, sich zu entspannen und abzuschalten.

7. *Hören Sie ihm zu.* Es gibt gewiß ein Dutzend Dinge, die Sie ihm gerne erzählen möchten, aber der Moment, wenn er nach Hause kommt, ist dafür nicht der richtige Zeitpunkt. Lassen Sie zuerst ihn erzählen.

8. *Der Abend sollte ganz ihm gehören.* Beklagen Sie sich niemals, wenn er Sie nicht zum Essen oder anderen angenehmen Zerstreuungen ausführt. Versuchen Sie stattdessen, seine Welt harter Arbeit und ständiger Anspannung zu verstehen, und sein Bedürfnis, abzuschalten und sich auszuruhen.

An keiner dieser Verhaltensweisen ist etwas auszusetzen, WENN es das ist, was Sie gerne tun möchten. Führen Sie sich aber vor Augen, daß fast alle jungen Frauen damals darauf programmiert wurden, alle ihre persönlichen Bedürfnisse völlig zu leugnen, um ihre Ehemänner zufriedenzustellen. Das wurde von einer »guten Frau« erwartet. Das war großartig für die Männer, aber weit weniger großartig für die Frauen. Es ist an uns Frauen heute, unserem Leben eine neue Richtung zu geben. Wir können uns selbst neu erfinden, indem wir lernen, alles in Frage zu stellen, sogar solche Dinge, die normaler Bestandteil unserer Alltagsroutine zu sein scheinen: Kochen, Putzen, Kinderbetreuung, Besorgungen zu Fuß oder mit dem Auto erledigen. Alle Dinge, die wir schon seit sehr langer Zeit ganz automatisch tun, sollten einer kritischen Betrachtung unterzogen werden.

Wollen wir den Rest unseres Lebens genau so verbringen, wie wir es bislang getan haben, wobei lediglich einige Tätigkeiten mit der Zeit wegfallen?

Weibliches Selbstvertrauen aufbauen bedeutet nicht, Männer herabzusetzen. Auf die Männer einzudreschen ist genauso schlimm wie das Verhalten jener Männer, die Frauen unterdrücken und schikanieren. Darauf sollten wir uns gar nicht erst einlassen. Ein solches Verhalten bewirkt lediglich, daß wir alle in Schuldzuweisungen steckenbleiben, und ich glaube, damit haben wir uns lange genug aufgehalten. Wenn wir uns selbst, den Männern oder der Gesellschaft die Schuld für alle Probleme in unserem Leben geben, bewirkt das nur, daß wir uns ohnmächtig fühlen. Schuldzuweisungen sind immer ein Ausdruck von Ohnmachtsgefühlen. Das Beste, was wir für die Männer in unserer Welt tun können, ist, aufzuhören die Opferrolle zu spielen und stattdessen unser Leben selbst in die Hand zu nehmen. Ein Mensch mit Selbstachtung wird auch von den anderen respektiert.

Ich habe großes Mitgefühl mit den Männern und den Schwierigkeiten, denen sie sich im Leben gegenübersehen. Sie stecken gleichfalls in ihrer Rolle fest, müssen große Lasten tragen und enormem Druck standhalten. Von Kind an wird Männern beigebracht, nicht zu weinen und keine Emotionen zu zeigen. Man erzieht sie dazu, ihre Gefühle zurückzuhalten. Meines Erachtens ist das eine Form von Kindesmißbrauch und Folter. Es ist kein Wunder, daß die Männer dann als Erwachsene so viel Zorn ausdrücken. Zudem leiden die meisten Männer darunter, nie eine gute Beziehung zu ihrem Vater gehabt zu haben. Wenn Sie einen Mann weinen sehen wollen, sollten Sie ihn einmal in einer Umgebung, wo er sich sicher fühlt, von seinem Vater erzählen lassen. Für gewöhnlich steigt in Männern sehr viel Traurigkeit hoch, wenn sie über all die ungesagten Dinge zwischen ihnen und ihrem Vater sprechen, und darüber, wie sehr sie sich eine andere Kindheit gewünscht hätten. Wie sehr sie sich danach sehnten, von ihren Vätern zu hören, sie seien liebenswerte und wertvolle Menschen.

Wir Frauen wurden in unserer Kultur einer Gehirnwäsche unterzogen, die uns einredete, wir müßten, um »gut« zu sein, die Bedürfnisse aller anderen Personen über unsere eigenen stellen. Viele von uns haben ihr Leben damit zugebracht, die Erwartungen anderer zu erfüllen, statt ihr eigenes Wesen zum Ausdruck zu bringen. Viele Frauen sind tief verbittert, weil sie sich aus Pflichtgefühl dazu gezwungen fühlen, sich für andere aufzuopfern. Kein Wunder, daß so viele Frauen unter Erschöpfung leiden. Berufstätige Mütter müssen zwei Vollzeitjobs bewältigen – einen im Büro und einen anderen, der beginnt, wenn sie nach Hause kommen: sich um ihre Familie kümmern. Selbstaufopferung tötet jene, die sich aufopfern.

Wir sollten es nicht erst zu einer körperlichen Erkrankung kommen lassen, ehe wir uns etwas Ruhe gönnen. Ich glaube, viele Krankheiten von Frauen sind einfach ein Weg, eine Zeitlang ausspannen zu können. Eine Krankheit ist die einzige Entschuldigung, die viele Frauen sich durchgehen lassen, um einmal vorübergehend von ihren Pflichten entbunden zu sein. Erst wenn sie wirklich auf der Nase liegen, sind sie imstande, nein zu sagen.

Wir Frauen müssen uns klarmachen – es uns wirklich bewußtmachen –, daß wir keine Bürger zweiter

Klasse sind. Dieser Mythos wird von bestimmten Teilen der Gesellschaft aufrechterhalten, aber er ist blanker Unsinn! Die Seele kennt keine Minderwertigkeit; die Seele kennt überhaupt keine Geschlechtsunterschiede. Wir müssen lernen, unser eigenes Leben und unsere eigenen Fähigkeiten ebenso wertzuschätzen, wie man uns gelehrt hat, den Wert anderer Menschen zu sehen. Als die feministische Bewegung ihren Anfang nahm, waren die Frauen so wütend über die Ungerechtigkeiten, unter denen sie litten, daß sie den Männern die Schuld an allem gaben. Das war damals ganz in Ordnung. Die Frauen mußten zuerst einmal ihrem Ärger Luft machen – für eine gewisse Zeit. Das war eine Art Therapie. Wenn Sie zu einem Therapeuten gehen, um den Mißbrauch aufzuarbeiten, den Sie als Kind erlitten, dann ist es zunächst nötig, diese Gefühle zu artikulieren, ehe eine Heilung möglich wird.

Wenn wir aber genügend Zeit bekommen, diese Gefühle auszudrücken, schwingt das Pendel zu einer ausgewogeneren Haltung zurück. Das ist es, was gegenwärtig mit den Frauen geschieht. Es ist an der Zeit, daß wir Wut und Schuldzuweisungen hinter uns lassen, die Opferrolle und die Ohnmacht. Heute ist es an der Zeit, daß wir Frauen unsere persönliche Macht erkennen und Gebrauch von ihr machen. Wir sollten jetzt damit beginnen, für uns selbst zu denken und jene Welt der Gleichberechtigung zu erschaffen, von der wir sagen, daß wir sie haben wollen.

Wenn wir als Frauen lernen, auf positive Weise für uns selbst zu sorgen, Selbstachtung und ein gutes Selbstwertgefühl zu entwickeln, wird das Leben für alle menschlichen Wesen, die Männer eingeschlossen, einen Quantensprung in die richtige Richtung machen. Dann wird es Respekt und Liebe zwischen den Geschlechtern geben, und Männer und Frauen werden einander ehren. Wir werden lernen, daß mehr als genug für alle da ist, und daß wir uns gegenseitig segnen und fördern können. Ich glaube daran, daß wir eine Welt erschaffen können, in der es möglich ist, einander gefahrlos zu lieben und gemeinsam ein glückliches, ganzheitliches Leben zu führen.

Lange Zeit wollten wir Frauen größere Selbstbestimmung. Heute steht es uns frei, alles zu werden, was wir gerne sein möchten. Ja, es gibt immer noch viel Ungerechtigkeit in der Bezahlung und der rechtlichen Stellung von Mann und Frau. Wenn wir unsere Rechte einfordern, müssen wir nach wie vor oft vor Gericht ziehen. Und die Gesetze wurden für Männer gemacht. In der Rechtsprechung wird immer noch darüber geredet, was ein vernünftiger *Mann* tun würde, selbst bei Vergewaltigungsfällen!

Ich empfehle, daß die Frauen eine politische Kampagne mit dem Ziel starten, die Gesetze so umzuschreiben, daß Männer und Frauen wirklich gleichbehandelt werden. Wir Frauen verfügen über eine enorme kollektive Macht, wenn wir uns eines Themas ernsthaft annehmen. Die gebündelte Energie von Frauen, die sich einer gemeinsamen Sache verschreiben, kann ehrfurchtgebietend sein. Vor fünfundsiebzig Jahren kämpften Frauen für ihr Wahlrecht. Heute können wir in jedes öffentliche Amt gewählt werden.

Ich ermutige Frauen dazu, politische Ämter anzustreben. Wir gehören in die Politik – das ist ein offenes Feld für uns. Es gibt dort nicht die in vielen Privatunternehmen üblichen Beschränkungen. Wenn wir unsere Gesetze und unsere Regierungen gestalten wollen, so daß sie die Frauen ebenso unterstützen wie die Männer, dann müssen wir uns in diesem Bereich engagieren. Wir können ganz unten bei der politischen Basisarbeit anfangen. Wir brauchen nicht erst eine jahrelange Ausbildung, um uns politisch zu betätigen. Frauen können in einer politischen Karriere außerordentlich viel bewirken.

Wußten Sie, daß Eleanor Roosevelt 1935 ein Gesetz durch den Kongreß brachte, wodurch vorgeschrieben wurde, daß jedes neu erbaute Haus eine Innentoilette und ein Badezimmer haben mußte? Viele männliche Kongreßabgeordnete widersprachen und sagten: »Wie will man denn noch die Reichen von den Armen unterscheiden, wenn alle Badezimmer haben?« Heute halten wir eingebaute Badezimmer für selbstverständlich und denken gar nicht mehr darüber nach, daß eine energische Frau dieses Gesetz durch den Kongreß boxte. Wenn wir Frauen die Dinge in die Hand nehmen, können wir Berge versetzen, und die Welt wird dadurch ein lebenswerterer Ort.

Wir haben schon viel erreicht, das sollten wir uns immer wieder vor Augen führen. Während der Kolonialzeit war der Mann der unumschränkte Monarch des Haushaltes, und jeder Ungehorsam von Ehefrau, Kindern oder Dienstboten wurde mit der Peitsche bestraft. In den 1850er Jahren konnte keine angesehene Frau es sich gestatten, Sex zu genießen. Ja, wir haben eine Menge überwunden und stehen gerade erst am Anfang dieser neuen Phase unserer Evolution. Es gibt für uns viel zu tun und viel zu lernen. Frauen können sich heute ungeahnte Freiheiten erobern, und wir brauchen neue schöpferische Lösungen für alle Frauen, einschließlich der Frauen, die allein leben.

2. KAPITEL

Wie die Werbung
die weibliche Selbstachtung
untergräbt

In der Werbebranche wird unser mangelndes Selbstwertgefühl schamlos ausgenutzt, um uns dazu zu bringen, bestimmte Produkte zu kaufen. Die unterschwellige Botschaft der meisten Anzeigen und Spots lautet: »Du bist nicht gut genug... und die anderen werden dich nur akzeptieren, wenn du unser Produkt kaufst.« Daß die Werbung uns auf diese Weise bearbeitet, lassen wir nur deshalb zu, weil wir selbst davon überzeugt sind, etwas sei mit uns nicht in Ordnung und bedürfe der Korrektur von außen. Wir sollten damit aufhören, ihnen ihre Versuche abzukaufen, uns Minderwertigkeitskomplexe einzureden.

Ein besonders beliebtes Angriffsziel der Werbung ist unser Körper. Wegen der negativen Glaubenssätze bezüglich unseres Körpers, die uns von der Gesellschaft und der ständig auf uns einprasselnden Werbung eingeimpft wurden, des ständigen »so wie du bist, bist du nicht gut genug«, ist es kein Wunder, daß die meisten von uns ihren Körper nicht lieben. Wieviele von uns können wirklich von sich behaupten, daß sie ihr Gesäß lieben? Es bereitet uns schließlich schon Probleme genug, unsere Nase und unsere Hüften zu akzeptieren. Ich frage mich, in welchem

Alter wir lernen, unser Selbstwertgefühl mit dem Aussehen unseres Körpers gleichzusetzen. Kleinkinder haben niemals das Gefühl, wegen ihres Hüftumfangs nicht gut genug zu sein!

Als verletzliche Teenager werden wir mit Werbung bombardiert, die versucht, unsere Selbstachtung zu untergraben und uns einzureden, wir bräuchten dieses und jenes Produkt, um attraktiv zu sein und von anderen akzeptiert zu werden. Darum sind die Mädchen im Teenageralter jene Gruppe in unserer Gesellschaft, die über das geringste Selbstwertgefühl verfügt. In vielen Fällen begleitet uns dieses geringe Selbstwertgefühl ins Erwachsenenleben. Für die Tabakindustrie sind weibliche Teenager ein bevorzugtes Werbeziel, weil die Tabakkonzerne wissen, daß sie höchstwahrscheinlich eine lebenslange Kundschaft gewinnen, wenn sie Menschen mit geringer Selbstachtung zu Süchtigen machen. Wie können wir zulassen, daß sie unseren Kindern etwas Derartiges antun?

Gestern hörte ich ein dreijähriges Mädchen sagen: »Ich will dieses Kleid nicht anziehen; ich sehe darin fett aus.« Zehnjährige Mädchen machen Diäten. An unseren Schulen steigt die Zahl der Magersüchtigen und Bulimiekranken. Was tun wir unseren Kindern an? Wenn Sie Kinder haben, sollten Sie ihnen deutlich machen, wie sie von der Werbung ausgebeutet werden. Analysieren Sie Werbeanzeigen gemeinsam. Lassen Sie sich von Ihren Kindern zeigen, was an diesen Anzeigen manipulativ ist. Bringen Sie ihnen das möglichst früh bei, und vermitteln Sie ihnen die Fähigkeit, ihr Leben selbst zu steuern, indem sie intelligente Entscheidungen treffen und aktiv handeln, statt lediglich zu reagieren.

Ist Ihnen auch schon aufgefallen, daß in den meisten Frauenzeitschriften in jedem Heft die neuesten Diäten UND die neuesten dick machenden Desserts präsentiert werden? Welche Botschaft wird uns damit vermittelt? Werde dick und nimm ab, werde dick und nimm ab. Kein Wunder, daß so viele Frauen unter dem Yo-Yo-Effekt von Diäten leiden. Keine von uns kann jenen Anforderungen gerecht werden, die von Werbung und Medien an uns gestellt werden. Wenn Sie sich das nächste Mal Werbung in einer Zeitschrift oder im Fernsehen anschauen, seien Sie kritisch! Was ist die wahre Botschaft, die Ihnen durch diese Werbung vermittelt werden soll? Wird versucht, Ihnen Minderwertigkeitsgefühle einzureden? Werden Sie stimuliert, einem unerfüllbaren Traum nachzujagen? Lachen Sie über die Werbespots, die Sie sehen, dann haben sie keine Macht mehr über Sie! Manipulierende Werbung ist ein Mittel, Frauen zu kontrollieren und zu unterdrücken. Tun wir, was wir können, um uns unsere persönliche Macht zurückzuholen!

Jedesmal wenn wir in einer Zeitschrift oder im Fernsehen Werbung sehen, die eine echte Beleidigung für die Intelligenz der Frauen darstellt, sollten wir, statt uns im Spiegel zu betrachten und zu sagen: »hätte ich doch nur auch solche Hüften«, eine Postkarte an die betreffende Firma schreiben, mit folgendem Text: »Es ist eine Unverschämtheit, daß Sie mich zu manipulieren und auszubeuten versuchen. Ich werde nie wieder eines Ihrer Produkte kaufen!« Wenn wir Frauen solche Postkarten an jene Firmen schicken, deren Werbung negativ und manipulierend ist, und nur Produkte von Herstellern kaufen, die in ihrer Werbung Frauen unterstützen, werden die Anzeigen sich insgesamt verändern.

Wir kaufen so viele Dinge aus dem Gefühl heraus: »Oh, wenn ich das besitze, werde ich in Ordnung sein.« Doch rasch kehrt unser Denken wieder zu dem alten Glaubenssatz zurück: »Wir sind nicht gut genug. Wir sind nicht gut genug.« Wir müssen uns bewußtmachen, uns *wirklich* bewußtmachen, daß wir Frauen gut genug sind, und zwar genau so, wie wir SIND.

Treffen Sie sich mit ein paar Freundinnen und blättern Sie gemeinsam eine Frauenzeitschrift durch. Prüfen Sie die Artikel und die Anzeigen. Machen Sie sich bewußt, wonach Sie suchen und was die unterschwelligen Botschaften sind. Wir Frauen müssen aufmerksam hinsehen. Wir müssen aufmerksam hinhören. Welche Bilder will man uns wirklich vermitteln? Was wird uns wirklich gesagt? Wie versucht die Werbebranche, uns zu kontrollieren?

Denken Sie über dieses Thema einmal gründlich nach!

3. KAPITEL

Positive Gedanken
und Glaubenssätze wählen

Wie viele von Ihnen ja bereits wissen, bin ich überzeugt, daß die Gedanken, die wir denken, die Worte, die wir sprechen, und die Glaubensüberzeugungen, die wir hegen, sehr mächtig sind. Sie gestalten unsere Lebenserfahrungen. Fast ist es, als ob das Universum jedesmal, wenn wir einen Gedanken denken oder ein Wort sprechen, zuhört und darauf reagiert. Wenn es in unserem Leben also etwas gibt, das uns nicht gefällt, dann haben wir die Macht, eine Änderung herbeizuführen. Wir verfügen über die Macht unserer Gedanken und Worte. Wenn wir unser Denken und Reden verändern, verändern sich auch unsere Erfahrungen. Ganz gleich, wo wir herkommen und wie schwer unsere Kindheit war, wir können hier und jetzt die Dinge zum Besseren verändern. Das ist eine machtvolle, befreiende Vorstellung, und wenn wir an sie glauben, wird sie für uns zur Realität. So sollten wir mit allen Problemen verfahren: Zuerst müssen wir eine Änderung in unserem Denken herbeiführen, und dann kann das Leben dementsprechend reagieren.

Wir leben stets entsprechend unserer Vergangenheit. Unsere gegenwärtigen Lebensumstände werden durch das bestimmt, was wir in der Vergangenheit gedacht und geglaubt haben. Wenn in unserem Leben also Dinge geschehen, die uns nicht gefallen, steht es uns frei, mit unserem Denken bessere künftige Erfahrungen hervorzubringen. Wenn wir damit beginnen, unser Denken zu ändern, werden sich möglicherweise zunächst nur wenige positive Resultate einstellen. Doch wenn wir beharrlich an unseren neuen Denkmustern festhalten, wird unsere Zukunft anders, besser aussehen. Wenn wir wollen, daß unsere Zukunft positiv ist, müssen wir heute unser Denken ändern. Was wir heute denken entscheidet darüber, was wir morgen erleben.

Viele Leute fragen mich: »Wie kann ich positiv denken, obwohl ich ständig von negativen Menschen umgeben bin?« Wenn ich in Gesellschaft von Leuten bin, die negative Dinge sagen, denke ich im Stillen: »Das mag für dich richtig sein, aber nicht für mich.« Manchmal spreche ich diesen Gedanken sogar laut aus. Diese Perspektive läßt den anderen die Freiheit, so negativ zu sein, wie sie gerne wollen, während ich selbst an meinen positiven Glaubenssätzen festhalte. Darüberhinaus gebe ich mir alle Mühe, solchen Leuten aus dem Weg zu gehen. Natürlich mögen Sie sich fragen, warum Sie *immer* von negativen Leuten umgeben sind. Denken Sie daran, daß wir andere Menschen nicht ändern können. Wir können nur uns selbst ändern. Wenn wir uns innerlich verändern, werden die anderen auf diese Veränderung reagieren. Das Wichtigste, was wir in unserem Leben tun können, ist, unsere Denkmuster zu verändern. Wir denken unentwegt, ganz gleich, wie beschäftigt wir sind oder wie hart wir arbeiten. Und dafür, was wir denken, tragen wir ganz allein die Verantwortung.

Wir alle sollten unser Vokabular um das Wort *Neuropeptide* ergänzen. Dieses Wort, geprägt von

Candace Pert im Zuge ihrer Erforschung der Hirnfunktionen, bezeichnet »chemische Botenstoffe«, die durch den Körper reisen, wann immer wir einen Gedanken denken oder ein Wort sprechen. Wenn wir wütende, verurteilende oder kritische Gedanken hegen, beeinträchtigen die dadurch erzeugten Chemikalien unser Immunsystem. Sind unsere Gedanken liebevoll, ermutigend und positiv, zirkulieren Chemikalien in unserem Körper, die das Immunsystem stärken. Die Wissenschaft hat nun endlich das bestätigt, was viele von uns schon seit Jahren wußten – daß es eine Geist/Körper-Verbindung gibt. Diese Kommunikation zwischen Geist und Körper schläft nie. Ihr Geist übermittelt Ihre Gedanken unaufhörlich an die Zellen Ihres Körpers.

So wählen wir von Augenblick zu Augenblick bewußt oder unbewußt gesunde oder ungesunde Gedanken. Diese Gedanken beeinflussen unseren Körper. Ein einzelner Gedanke hat noch keine großen Auswirkungen. Doch wir alle denken täglich über 60 000 Gedanken, und die Wirkung dieser Gedanken ist kumulativ. Giftige Gedanken vergiften unseren Körper. Die Wissenschaft liefert heute den Beweis, daß wir es uns nicht leisten können, uns negativem Denken hinzugeben, denn das macht uns krank, kann uns sogar töten.

Lange Zeit verstand ich die folgende Aussage nicht: »Wir sind alle eins; wir sind alle gleich erschaffen.« Das ergab für mich keinen Sinn. Ich sah, daß es reiche und arme Menschen gab, schöne und unattraktive, kluge und dumme, unterschiedliche Hautfarben und Rassen, unzählige Religionen und Lebensphilosophien. Es schien so viele Unterschiede zwischen den Menschen zu geben. Wie konnte man da sagen, alle seien gleich erschaffen?

Doch allmählich wuchs mein Verständnis, und ich lernte, was dieser Satz bedeutete. Diese neue Ebene der Einsicht verdanke ich der Autorin Caroline Myss. Es ist so, daß die Gedanken, die wir denken, und die Worte, die wir sprechen, bei uns ALLEN auf die gleiche Weise den Körper beeinflussen. Die Neuropeptide, die chemischen Botenstoffe, die durch unseren Körper strömen, wenn wir denken und sprechen, wirken BEI UNS ALLEN AUF DIE GLEICHE WEISE. Ein negativer Gedanke wirkt im Körper eines Amerikaners genau so toxisch wie im Körper eines Chinesen oder eines Italieners. Wut ist für einen Menschen christlichen Glaubens ebenso toxisch wie für einen Juden oder Moslem. Männer, Frauen, Homosexuelle, Heterosexuelle, Kinder, alte Menschen – alle reagieren AUF DIE GLEICHE WEISE auf die Neuropeptide, die von unseren Denkprozessen erzeugt werden.

Vergebung und Liebe sind für uns alle heilsam, egal in welchem Land wir leben. Alle Individuen auf diesem Planeten müssen zunächst ihren Geist heilen, ehe sie eine dauerhafte Heilung ihres Körpers erleben können. Wir kommen hierher, um Vergebung und Selbstliebe zu lernen. Niemand, an welchem Ort er auch leben mag, kann sich dieser Lektion entziehen. Kämpfen Sie gegen die Lektionen an, die das Leben für Sie bereithält, beharren Sie darauf, selbstgerecht und bitter zu sein? Oder sind Sie bereit, zu lernen, wie Sie sich selbst und anderen vergeben können? Sind Sie bereit, sich selbst zu lieben und sich für den Reichtum und die Fülle des Lebens zu öffnen? Das sind die Lektionen des Lebens, und sie betreffen uns alle auf die gleiche Weise. Wir sind alle Eins. Wir sind alle gleich erschaffen. DIE LIEBE HEILT UNS ALLE! (Denjenigen unter Ihnen, die bereit sind, auf einer tieferen spirituellen Ebene zu arbeiten, empfehle ich das Buch *Geistkörper-Anatomie* von Caroline Myss. Die Informationen, die sie darin weitergibt, sind phänomenal.)

Was denken Sie also jetzt im Moment gerade? Welche Neuropeptide reisen gegenwärtig durch Ihren Körper? Macht Ihr Denken Sie krank oder gesund?

Viel zu viele von uns sitzen in ihrem selbst erschaffenen Gefängnis aus selbstgerechter Gekränktheit und Verbitterung. Wir haben nicht verstanden, daß Schuldzuweisungen demjenigen, der sich darin ergeht, mehr schaden, als dem Beschuldigten. Die Neuropeptide, die die Schuldgefühle durch unseren Körper tragen, vergiften langsam aber sicher unsere Zellen.

Wir sollten uns auch darüber im klaren sein, daß unser Ego ständig bestrebt ist, uns in Sklaverei zu halten und unglücklich zu machen. Das Ego ist jene innere Stimme, die uns immer wieder sagt, wir sollen uns »noch diesen einen guten Bissen, dieses eine Glas, diesen einen Joint gönnen«. Aber wir sind nicht unsere Körper, wir sind nicht unsere Gedanken, und wir sind nicht unsere Egos. Wir besitzen einen Körper. Wir sind der Denker, der die Gedanken denkt. Wenn unser Selbstwertgefühl und unsere Selbstachtung stark sind, werden wir der Stimme des Egos niemals nachgeben. Wir sind weit mehr, als wir zu sein glauben.

Ich möchte, daß Sie jetzt aufstehen. Nehmen Sie dieses Buch mit und gehen Sie zu einem Spiegel. Schauen Sie sich in die Augen und sagen Sie laut:

»Ich liebe dich, und ich beginne jetzt damit, in meinem Leben positive Veränderungen vorzunehmen. Tag für Tag werde ich die Qualität meines Lebens verbessern. Ich kann beschützt und glücklich sein und ein erfülltes Leben haben.« Wiederholen Sie diese Sätze zwei- oder dreimal. Atmen Sie zwischendurch tief ein und aus. Achten Sie darauf, welche Gedanken Ihnen durch den Kopf schießen, während Sie diese positive Affirmation sprechen. Bei diesen Gedanken handelt es sich lediglich um altes Geschwätz. Sagen Sie ihnen: »Danke, daß ihr mich besucht habt.« Sie können die negativen Gedanken einfach zur Kenntnis nehmen, ohne ihnen Macht über sich einzuräumen. Ich möchte, daß Sie von nun an jedesmal, wenn Sie einen Spiegel sehen, hineinschauen und etwas Positives zu sich selbst sagen. Wenn Sie in Eile sind, sagen Sie einfach nur: »Ich liebe dich«. Diese einfache Übung wird in Ihrem Leben Großartiges bewirken. Probieren Sie es aus, wenn Sie mir nicht glauben.

Die Antworten sind in uns

Es ist von entscheidender Bedeutung, sich immer wieder ins Gedächtnis zu rufen, daß das, was wir denken und sagen, unsere Erfahrungen gestaltet. Wir sollten daher genau darauf achten, wie wir gewohnheitsmäßig denken und reden, damit wir unser Leben so gestalten, wie es unseren Träumen entspricht. Vielleicht sagen wir uns sehnsüchtig: »Oh, ich besäße gerne dieses und jenes, oder ich wäre gerne dieses und jenes ...« Doch dann benutzen wir nicht die Gedanken und Worte, die aus diesen Wünschen eine Realität machen. Stattdessen visualisieren wir das Schlimmste. Wir denken jeden negativen Gedanken, den wir kennen, und wundern uns dann, warum unser Leben nicht so funktioniert, wie wir es gerne hätten.

Es ist wichtig, daß wir unseren inneren Reichtum entdecken, unsere spirituelle Verbindung zum Universum – jener großen zentralen Quelle allen Lebens. Wir müssen unseren Wesenskern finden und Gebrauch davon machen. In jedem Menschen existiert eine Schatzkammer voller Weisheit, Frieden, Liebe und Freude. Und das alles ist nur einen Atemzug weit weg. Ich glaube fest daran, daß es in uns allen eine *unendliche* Quelle für Frieden, Freude, Liebe und Weisheit gibt. Wenn ich sage, daß sie nur einen Atemzug weit weg ist, meine ich damit, daß wir, um uns mit dieser Quelle zu verbinden, lediglich tief durchatmen und sagen müssen: »*Ich begebe mich jetzt an jenen Ort in mir, wo die unendliche Weisheit wohnt. Die Antworten, nach denen ich suche, sind in mir.*«

Alle Antworten auf alle Fragen, die wir je stellen werden, sind bereits jetzt in uns. Wir müssen uns nur die Zeit nehmen, einen Kontakt zu unserer inneren Quelle herzustellen. Daher ist Meditation so wertvoll und wichtig. Sie läßt uns zur Ruhe kommen, so daß wir die Stimme unserer inneren Weisheit hören können. Sie ist die beste Verbindung zur Ganzheit allen Lebens, über die wir verfügen. Es ist nicht nötig, daß wir den Gaben der inneren Weisheit hinterherjagen. Wir müssen ihnen nur Gelegenheit geben, zu uns zu kommen. Und wie erreichen wir das? Wir sollten uns die Zeit nehmen, uns ruhig hinzusetzen, unsere Aufmerksamkeit nach innen zu lenken und in uns selbst Frieden zu finden, tief und klar wie ein Bergsee. In der Meditation können wir

Freude finden. Wir können aus einem unendlichen Brunnen der Liebe schöpfen. Es ist alles in uns. Und niemand kann uns diese Schätze nehmen.

Es ist unsere Bestimmung, neue Tiefen in uns zu ergründen und neue Entscheidungen darüber zu treffen, wie wir unser Leben führen wollen. Als Frauen sind wir dazu erzogen worden, sehr eingeschränkte Wahlmöglichkeiten zu akzeptieren. Viele verheiratete Frauen sind sehr einsam, weil sie das Gefühl haben, ihrer Wahlmöglichkeiten im Leben beraubt zu sein. Sie haben ihre persönliche Macht aufgegeben. Sie tun, was ich früher auch tat – sie denken, daß ein Mann alle Fragen für sie beantwortet, statt in sich selbst nach Antworten zu suchen. Damit sich unser Leben ändert, müssen wir zunächst in unserem Denken neue Alternativen entwickeln. Wenn wir unser Denken ändern, wird unsere Umwelt anders auf uns reagieren.

Ich bitte Sie daher, nach innen zu schauen und die Bereitschaft zu entwickeln, neue Gedanken zu denken. Entdecken Sie Ihren inneren Reichtum und machen Sie Gebrauch davon. Wenn wir unsere inneren Schätze ans Licht bringen, schenken wir dem Leben das Wunder unseres Wesens. Nehmen Sie jeden Tag Verbindung zu Ihren inneren Schätzen auf.

Es ist lebenswichtig, daß wir uns die Zeit nehmen, auf unsere innere Weisheit zu hören. Wir können nicht wirklich in fruchtbarem Kontakt zu diesem inneren Wissen stehen, wenn wir nicht täglich meditieren. Täglich eine gewisse Zeit in der Stille zu sitzen gehört zum Wertvollsten, was wir für uns selbst tun können. Niemand dort draußen weiß mehr über unser Leben und darüber, was das Beste für uns ist, als wir selbst, in unserem Herzen. Lauschen Sie Ihrer eigenen Stimme. Sie wird Sie stets auf die bestmögliche Weise durchs Leben lenken!

Erschaffen wir uns alle einen reichen inneren Raum. Machen Sie sich Ihre Gedanken zu Ihren besten Freunden. Die meisten Leute denken immer wieder das gleiche. Wie schon gesagt, denken wir am Tag durchschnittlich 60 000 Gedanken, und die meisten davon haben wir auch schon gestern und vorgestern gedacht. Unser Denken kann im ewig gleichen Trott der Negativität feststecken, oder aber das Fundament eines neuen Lebens sein. Denken Sie jeden Tag neue Gedanken. Denken Sie schöpferische Gedanken. Denken Sie darüber nach, alte Dinge auf eine neue Weise zu tun.

Unser Bewußtsein ist wie ein Garten. Ob es um den Garten hinter dem Haus geht oder um den Garten des Geistes, der erste Schritt besteht immer darin, den Boden gut vorzubereiten. Zuerst müssen Sie alles Unkraut jäten, allen Schutt und alle Steine aus dem Weg räumen. Anschließend geben Sie Kompost und Dünger hinzu und vermischen sie gut mit der Erde. Wenn Sie dann pflanzen, wird die Vegetation rasch und üppig gedeihen. So ist es auch mit unserem Geist. Wenn Sie möchten, daß Ihre Affirmationen rasch wirken, müssen Sie zunächst jeden negativen Gedanken und Glaubenssatz aus dem Weg räumen, den Sie finden. Pflanzen Sie dann ein paar gute Glaubenssätze ein, einige wirklich gute, positive Gedanken. Bejahen Sie nachdrücklich, was Sie sich im Leben wünschen, dann kann nichts Sie aufhalten. Der Garten Ihrer Gedanken wird prächtig gedeihen.

Die Furcht überwinden

Weil Frauen dazu erzogen wurden, Haushälterinnen und Serviererinnen zu sein und die Bedürfnisse der anderen vor ihre eigenen zu stellen, mangelt es den meisten von uns an Selbstachtung und Selbstwertgefühl. Wir haben große Angst davor, verlassen zu werden. Wir fürchten Verluste und den Mangel an materieller Sicherheit. Unsere Erziehung vermittelte uns nicht den Glauben, daß wir selbst für uns sorgen können. Man brachte uns nur bei, für andere da zu sein. Wenn Frauen von ihren Männern verlassen werden, stürzt sie das in große Ängste. Wenn sie kleine Kinder haben, ist es noch schlimmer. Sie fragen sich immer wieder: »Wie soll ich es jemals allein schaffen?«

Auch neigen wir dazu, eigentlich unerträgliche berufliche oder eheliche Situationen hinzunehmen, weil wir solche Angst davor haben, allein zu leben. Viele Frauen glauben nicht, daß sie gut genug sind. Sie glauben nicht, daß sie allein zurechtkommen können, und können es *doch*.

Viele Frauen fürchten sich davor, erfolgreich zu sein. Sie glauben, daß sie es nicht verdienen, sich gut zu fühlen und wohlhabend zu sein. Wenn Sie es gewohnt sind, Ihre eigenen Bedürfnisse immer zurückzustellen, ist es schwer, sich etwas Gutes zu gönnen. Viele Frauen haben Angst davor, erfolgreicher als ihr Vater zu sein oder mehr Geld zu verdienen als er.

Wie können wir also die Angst vor dem Verlassenwerden oder die Angst vor dem Erfolg überwinden? Indem wir lernen, dem Leben zu vertrauen. Das Leben ist bereit, uns zu unterstützen und zu leiten, *wenn* wir das zulassen. Wenn wir auf sehr manipulative Weise erzogen wurden und voller Schuldgefühle stecken, dann fühlen wir uns ständig »nicht gut genug«. Wenn wir in dem Glauben aufwuchsen, das Leben sei schwer und furchterregend, dann wissen wir nicht, wie wir uns entspannen und das Leben für uns sorgen lassen können. Wir lesen Zeitung und sehen alle diese Verbrechen im Fernsehen. Dann denken wir, die ganze Welt hätte es auf uns abgesehen. Aber wir alle leben unter dem Gesetz unseres eigenen Bewußtseins – und dieses Gesetz lautet: Das, was wir glauben, wird für uns wahr. Was für einen anderen Menschen wahr ist, muß deshalb nicht auch für uns wahr sein. Wenn wir lediglich die negativen Glaubenssätze der Gesellschaft übernehmen, dann werden diese Erwartungen für uns wahr, und dementsprechend werden wir viele negative Erfahrungen machen.

Lernen wir jedoch, uns selbst zu lieben, Selbstachtung und ein starkes Selbstwertgefühl zu entwickeln, ermöglichen wir dadurch dem Leben, uns all das Gute zu schenken, das es für uns bereithält. Das mag sehr einfach klingen, und das ist es in der Tat – einfach und trotzdem wahr. Wenn wir uns entspannen und in uns die Überzeugung entwickeln: »Das Leben sorgt für mich, ich bin stets behütet und geborgen«, dann beginnen wir, *mit* dem Leben zu fließen. Achten Sie auf synchronistische Ereignisse in Ihrem Leben. Wenn die Ampel im richtigen Moment auf Grün springt, Sie sofort einen Parkplatz finden, jemand Ihnen genau das bringt, was Sie gerade brauchen, Sie die richtige Information zum richtigen Zeitpunkt erhalten, sollten Sie »DANKE!« sagen. Das Universum liebt dankbare Menschen. Je dankbarer Sie dem Leben gegenüber sind, desto mehr Grund zur Dankbarkeit wird das Leben Ihnen geben.

Ich glaube aufrichtig, daß ich göttlich beschützt bin, daß nur Gutes in mein Leben kommt und mir nichts geschehen kann. Ich weiß, daß ich gut genug bin und nur Gutes verdiene. Es hat viele Jahre gedauert, und ich habe eine Menge lernen müssen, bis ich so weit war. Ich mußte mich von ganzen Lastwagenladungen negativer Gedanken befreien. Aus der bitteren, ängstlichen, armen, negativen Frau, die ich früher war, wurde eine Frau voller Vertrauen, die an der Fülle des Lebens Anteil hat. Wenn ich das kann, können Sie es auch – Sie müssen nur bereit sein, Ihr Denken zu ändern.

Wenn doch nur jede von uns wüßte, daß sie stets zwei Schutzengel an ihrer Seite hat. Diese Engel sind hier, um uns zu helfen und uns zu führen, aber wir müssen um diese Hilfe bitten. Sie lieben uns sehr und warten darauf, daß wir Verbindung mit ihnen aufnehmen. Lernen Sie, in Kontakt mit Ihren Engeln zu treten, dann werden Sie sich nie wieder allein fühlen. Manche Frauen können ihre Engel sehen, manche spüren ihre Gegenwart oder hören ihre Stimmen. Manche kennen auch ihre Namen. Ich nenne meine beiden Engel einfach »meine Jungs«. Ich spüre, daß sie zu zweit sind. Wenn es ein Problem gibt, für das ich keine Lösung finde, übergebe ich es ihnen. »Erledigt ihr das für mich, Jungs. Ich weiß nicht, was ich in dieser Sache machen soll.« Wenn Gutes geschieht, wenn sich in meinem Leben synchronistische Dinge ereignen, sage ich sofort: »Danke, meine Jungs, das war prima, das habt ihr wirklich gut gemacht. Ich weiß das wirklich zu schätzen.« Auch Engel lieben Dankbarkeit und Anerkennung. Lassen Sie zu, daß sie Ihnen Gutes tun – darum sind sie bei Ihnen. Engel lieben es, zu helfen!

Um Kontakt zu Ihren persönlichen Engeln aufzunehmen, sollten Sie sich ruhig hinsetzen, die Augen schließen, ein paarmal tief durchatmen und versuchen, ihre Gegenwart dicht hinter Ihren Schultern zu spüren, ein Engel auf jeder Seite. Spüren Sie die Wärme und Zuneigung Ihrer Engel. Bitten Sie sie, sich Ihnen zu zeigen. Geben Sie sich dem Gefühl der Geborgenheit hin, daß die Engel Ihnen vermitteln möchten. Bitten Sie sie bei einem Problem um Hilfe, oder stellen Sie ihnen eine Frage, die Sie gerade beschäftigt. Es ist möglich, daß Sie sofort einen Kontakt spüren, es kann jedoch auch sein, daß Sie erst eine Weile üben müssen. Aber ich versichere Ihnen: sie sind da, und sie lieben Sie. Es gibt nichts, wovor Sie sich fürchten müßten.

Unsere Glaubenssätze erkennen

Befassen wir uns nun damit, wie wir uns von unseren negativen Glaubenssätzen befreien oder sie verändern können. Zunächst müssen wir negative Überzeugungen erkennen. Die meisten von uns haben nicht die leiseste Idee, *was* sie eigentlich glauben. Haben wir einen negativen Glaubenssatz erst einmal identifiziert, können wir entscheiden, ob wir wollen, daß er auch weiterhin unsere Lebensumstände beeinflußt.

Die rascheste Methode herauszufinden, woran Sie glauben, besteht darin, daß Sie Listen aufstellen.

Nehmen Sie mehrere große Bögen Papier. Oben auf jedes Blatt schreiben Sie: MEIN GLAUBENSSATZ BEZÜGLICH: (Männern, meiner Arbeit, Geld, der Ehe, Liebe, Gesundheit, dem Altwerden, dem Tod, und so weiter.) Notieren Sie Ihre Überzeugungen zu jedem Aspekt der in Ihrem Leben von Bedeutung ist. Verwenden Sie für jedes Thema ein eigenes Blatt Papier. Notieren Sie dann jene Gedanken, die in Ihnen aufsteigen, während Sie diese Überzeugungen zu Papier bringen. Diese Übung läßt sich nicht in zwei Minuten bewältigen. Sie braucht ihre Zeit. Sie können sich jeden Tag für ein paar Minuten damit beschäftigen. Schreiben Sie alles auf, was Ihnen durch den Kopf geht, wie albern es Ihnen auch erscheinen mag. Notieren Sie es einfach. Diese Glaubenssätze sind die inneren, unterbewußten Regeln, nach denen Sie Ihr Leben leben. Sie können keine positiven Veränderungen herbeiführen, solange Sie sich Ihrer negativen Glaubenssätze nicht bewußt sind. Mit wachsender Selbsterkenntnis können Sie sich zu jedem Zeitpunkt Ihres Lebens selbst neu erschaffen, der Mensch werden, der Sie gerne sein möchten, und das Leben führen, das Sie sich erträumen.

Wenn Ihre Listen mehr oder weniger vollständig sind, lesen Sie sie durch. Markieren Sie jeden Glaubenssatz, der Sie ermutigt und unterstützt, mit einem Stern. Das sind die Glaubenssätze, die Sie behalten und pflegen sollten. Kreuzen Sie mit einem andersfarbigen Stift alle Glaubenssätze an, die negativ sind und Sie beim Erreichen Ihrer Ziele behindern. Das sind die Glaubenssätze, die Sie bislang daran gehindert haben, all das zu werden, das Sie sein könnten. Diese Glaubenssätze müssen Sie löschen und neu programmieren.

Schauen Sie sich jeden negativen Glaubenssatz an und fragen Sie sich: »Will ich, daß dieser Glaubenssatz weiter mein Leben beherrscht? Bin ich bereit, mich von ihm zu lösen?« Wenn Sie bereit sind, sich zu ändern, sollten Sie eine weitere Liste aufstellen. Nehmen Sie jede negative Affirmation (alle Glaubenssätze sind Affirmationen), und verwandeln Sie sie in eine positive Behauptung. Zum Beispiel: »Meine Beziehungen zu Männern sind eine einzige Katastrophe!« könnte sich verwandeln in: »Männer lieben und respektieren mich.« »Ich werde es nie zu etwas bringen« wird zu »Ich bin eine selbstsichere, erfolgreiche Frau«. »Ich weiß nicht, wie ich eine gute, befriedigende Arbeit finden soll« verwandelt sich in »Das Leben verschafft mir den perfekten Job«. »Ich bin andauernd krank« wird ersetzt durch »Ich bin eine reife, starke, gesunde Frau«. Diese Beispiele stammen aus meiner eigenen Lebenserfahrung. Auch Sie können jeden negativen Glaubenssatz, den Sie bei sich entdecken, in ein neues persönliches Gesetz verwandeln, das Ihr Leben zum Besseren verändert. Schaffen Sie sich selbst die Richtlinien, nach denen Sie leben wollen. Machen Sie aus allem Negativen etwas Positives. Lesen Sie sich diese positiven Aussagen jeden Tag laut vor. Tun Sie das vor einem Spiegel – dann verwirklichen sie sich rascher. Wenn Sie beim Sprechen Ihrer Affirmationen in den Spiegel schauen, hat das eine geradezu magische Wirkung.

Affirmationen:
Dem Leben eine neue Richtung geben

Affirmationen müssen immer in der Gegenwartsform formuliert werden. Sagen Sie »ich habe« oder »ich bin«, statt »ich möchte gerne«. Wenn Affirmationen in der Zukunftsform formuliert werden, bleiben die Resultate auch dort – jenseits Ihrer Reichweite.

Oft nehmen wir uns bei unserem hektischen Terminkalender nicht genug Zeit für die Arbeit an uns selbst. Ein guter Weg, sich Zeit für innere Arbeit zu nehmen, besteht darin, mit einer oder mehreren Freundinnen einen kleinen Arbeitskreis zu gründen. Ein Nachmittag oder Abend pro Woche können hierfür eingeplant werden. Stellen Sie gemeinsam Ihre Glaubenssatz-Listen auf. Helfen Sie einander mit Affirmationen. Diskutieren Sie den Inhalt dieses Buches gemeinsam. Wenn Sie ein paar Wochen zusammen neue Ideen erkunden, kann das wahre Wunder bewirken. Sie werden dabei voneinander lernen. Kollektive Energie ist sehr machtvoll. Alles, was Sie dazu brauchen, sind ein Notizbuch, ein Spiegel, genug Papiertaschentücher und ein liebendes, offenes Herz. Ich garantiere Ihnen, daß jede Teilnehmerin, egal wie groß Ihre Gruppe ist, sich dabei ihrer selbst besser bewußt werden und ihre Lebensqualität steigern wird.

Stellen wir uns nun selbst ein paar Fragen. Wenn Sie sie aufrichtig beantworten, kann das Ihrem Leben eine neue Richtung geben:

- Wie kann ich das Beste aus meinem Leben machen?
- Was wünsche ich mir in einer Liebesbeziehung von meinem Partner?

- Welche Bedürfnisse soll mein Partner mir erfüllen?
- Was kann ich selbst tun, um diese Bedürfnisse zu befriedigen? (Erwarten Sie von ihrem Partner / ihrer Partnerin nicht, daß er / sie alle Probleme für Sie löst. Das wäre eine schreckliche Belastung für ihn / sie.)
- Was gehört für mich zu einem erfüllten Leben dazu? Und wie kann ich diesen Zustand erreichen?
- Was habe ich noch für eine Ausrede dafür, passiv und deprimiert zu sein, wenn mich niemand mehr schlechtmacht oder demütigt?
- Wenn ich in diesem Leben nie wieder einen Partner fände, würde dieser Mangel mich dann umbringen? Oder würde ich allein ein herrliches Leben führen und ein leuchtendes Beispiel für andere Frauen werden? Eine echte Wegweiserin?
- Was ist meine Lernaufgabe in diesem Leben? Was soll ich selbst andere lehren?
- Wie kann ich am besten mit dem Leben zusammenarbeiten?

Es ist für uns alle an der Zeit, unsere eigene Lebensphilosophie zu entwickeln und unsere eigenen persönlichen Gesetze zu erschaffen – Grundsätze, nach denen wir leben können, Glaubensüberzeugungen, die uns stärken und unterstützen. Hier sind die Gesetze, die ich im Laufe der Zeit für mein eigenes Leben aufgestellt habe:

- *Ich bin stets geborgen und göttlich beschützt.*
- *Alles, was ich wissen muß, wird mir zur rechten Zeit enthüllt.*
- *Alles, was ich brauche, kommt in der perfekten Raum / Zeit-Sequenz zu mir.*
- *Das Leben ist eine Freude und von Liebe erfüllt.*

- *Ich bin liebenswert und werde geliebt.*
- *Ich bin blühend gesund.*
- *Ich bin in jeder Hinsicht wohlhabend.*
- *Ich bin bereit, mich zu wandeln und zu wachsen.*
- *Alles ist gut in meiner Welt.*

Ich wiederhole diese Aussagen oft. Ich beginne und beende häufig den Tag mit Ihnen. Ich sage sie wieder und wieder auf, wenn in irgendeinem Bereich meines Lebens etwas schiefläuft. Wenn ich zum Beispiel unter Wetterfühligkeit leide, wiederhole ich: »Ich bin blühend gesund«, bis ich mich besser fühle. Wenn ich im Dunkeln durch eine einsame Gegend gehe, bekräftige ich mehrfach: »Ich bin stets geborgen und göttlich beschützt.« Diese Glaubenssätze sind so sehr ein Teil von mir, daß ich sie augenblicklich anwenden kann, wenn dafür Bedarf besteht. Ich möchte Ihnen vorschlagen, eine Liste aufzustellen, die Ihre gegenwärtige Lebensphilosophie widerspiegelt. Sie können diese Liste jederzeit ändern oder ergänzen. Beginnen Sie jetzt gleich damit, Ihre neuen persönlichen Gesetze aufzustellen. Die einzige Macht, die Ihrem Körper oder Ihrer persönlichen Umgebung Schaden zufügen kann, liegt in Ihren eigenen Gedanken und Glaubenssätzen. Diese Gedanken und Glaubenssätze lassen sich verändern.

So wie jeder Mensch bin auch ich mit persönlichen Problemen und Krisen konfrontiert. Ich habe gelernt, auf die folgende Weise mit ihnen umzugehen. Sobald ein Problem auftaucht, sage ich mir:

»Alles ist gut. Alles entwickelt sich zu meinem Besten. Aus dieser Situation wird nur Gutes entstehen. Ich bin sicher und geborgen.«

Oder:

»Alles ist gut. Es findet sich eine Lösung, die dem höchsten Wohl aller Beteiligten dient. Aus dieser Erfahrung wird nur Gutes entstehen. Wir alle sind sicher und geborgen.«

Ich wiederhole eine für das jeweilige Problem passende Variante dieser beiden Aussagen immer wieder, vielleicht für ungefähr zwanzig Minuten. Nach kurzer Zeit klärt sich dann mein Geist und ich sehe die Situation in einem neuen Licht, oder ich finde eine Lösung, oder das Telefon klingelt und etwas in der Außenwelt ist in Bewegung geraten. Manchmal, wenn wir die Panik überwinden, die eine unerwartete Situation in uns auslöst, erkennen wir, daß die Veränderung tatsächlich sogar besser ist als das ursprünglich Geplante. Manchmal ist die Art und Weise, wie wir unsere Erfahrungen zu kontrollieren versuchen, alles andere als gut für uns.

Heute funktioniert diese Affirmationsmethode für mich in jeder schwierigen Lage. Ich nehme Abstand von dem Problem und bejahe stattdessen nachdrücklich die Wahrheit über mich selbst und mein Leben. So steht mein »Sorgen-Geist« nicht länger im Weg, und das Universum kann eine Lösung finden. Ich benutze diese Methode in Autostaus, auf Flughäfen, in meinen zwischenmenschlichen Beziehungen, bei gesundheitlichen ebenso wie bei beruflichen Problemen. Man lernt dabei, mit dem Leben zu fließen, statt gegen jede Veränderung, jede Abweichung von den eigenen Plänen anzukämpfen. Wenn Sie sich diese »neue« Art, auf Probleme zu reagieren, zu eigen machen, werden Sie erleben, wie rasch diese Probleme verschwinden.

Lernen und persönliches Wachstum sind Teil unserer Seelenevolution. Jedesmal wenn wir etwas Neues lernen, vertiefen wir unser Verständnis des Lebens. Es gibt so vieles im Leben, das wir noch nicht verstehen. Noch immer sind 90 Prozent unseres Gehirns unerforscht und ungenutzt. Ich glaube, daß wir gegenwärtig in der aufregendsten Epoche überhaupt leben. Jeden Morgen danke ich nach dem Aufwachen dem Leben für das Privileg, hier zu sein und das alles miterleben zu dürfen. Das gehört zu meinen fünf Minuten des Dankes, die damit beginnen, daß ich meinem Bett für den guten Nachtschlaf danke. Ich sage Danke für meinen Körper, mein Zuhause, meine Tiere, meine Freunde, die materiellen Dinge, die ich besitze, und für die wundervollen Erfahrungen, die ich an diesem Tag machen werde. Stets bitte ich am Ende dieses Dankgebets das Leben, mein Verständnis zu vertiefen, so daß sich mein Horizont stetig erweitert. Denn je mehr wir verstehen und wissen, desto einfacher wird das Leben. Ich vertraue darauf, daß meine Zukunft gut sein wird.

Denken Sie daran: Affirmationen sind positive Aussagen, mit deren Hilfe wir bewußt unseren Geist umprogrammieren, um dadurch fähig zu werden, eine neue Lebensweise zu akzeptieren. Wählen Sie Affirmationen, die Ihnen als Frau Selbstvertrauen und Kraft geben. Wenden Sie täglich zumindestens einige der folgenden Affirmationen an:

Affirmationen für Frauen

Ich beanspruche jetzt meine weibliche Kraft.
Ich entdecke nun, wie wunderbar ich bin.

In mir offenbart sich das Wunder der Schöpfung.
Ich bin klug und schön.
Ich liebe, was ich in mir sehe.
Ich entscheide mich bewußt dafür, mich selbst zu lieben.
Ich bin meine eigene Frau.
Ich bin selbst für mein Leben verantwortlich.
Ich erweitere ständig meine Fähigkeiten.
Ich bin frei, alles zu werden, das ich sein kann.
Ich habe ein großartiges Leben.
Mein Leben ist von Liebe erfüllt.
Die Liebe in meinem Leben beginnt bei mir selbst.
Ich bestimme selbst über mein Leben.
Ich bin eine starke Frau.
Ich verdiene Liebe und Respekt.
Ich gehöre niemandem; ich bin frei.
Ich bin bereit, dazuzulernen und mich weiterzuentwickeln.
Ich stehe auf meinen eigenen Füßen.
Ich akzeptiere und gebrauche meine persönliche Macht.
Es ist in Ordnung für mich, allein zu leben.
Wo ich auch bin, freue ich mich meines Lebens.
Ich habe Freude an mir selbst.
Ich liebe, unterstütze und inspiriere andere Frauen.
Ich führe ein reiches, erfülltes Leben.
Ich erkunde die vielfältigen Wege der Liebe.
Ich liebe es, eine Frau zu sein.
Ich genieße es, an diesem Punkt in Zeit und Raum lebendig zu sein.
Ich erfülle mein Leben mit Liebe.
Ich akzeptiere das Geschenk dieser Zeit des Alleinseins.
Ich fühle mich heil und ganz.
Ich gebe mir selbst, was ich brauche.
Ich kann gefahrlos wachsen und mich entwickeln.
Ich bin sicher und geborgen.
Alles ist gut in meiner Welt.

Eine Heilmeditation

Ich bin bereit, meine eigene Größe zu erkennen. Ich ent-scheide mich jetzt bewußt dafür, aus meinem Geist und meinem Leben jeden negativen, destruktiven, angstvollen Gedanken zu entfernen, der mich davon abhält, die wun-derbare Frau zu sein, als die ich geschaffen wurde. Ich stehe von nun an fest auf meinen eigenen Füßen, sorge für mich selbst und denke für mich selbst. Ich gebe mir, was ich brauche. Ich kann gefahrlos wachsen und mich weiter-entwickeln. Je erfüllter mein Leben ist, desto mehr Men-schen lieben mich. Ich verbünde mich mit allen Frauen, die bereit sind, anderen Frauen bei ihrer Heilung zu hel-fen. Ich bin ein Segen für den Planeten. Meine Zukunft ist hell und wunderschön.
Und so sei es!

Vergessen Sie nicht: Schon eine kleine positive Ver-änderung in Ihrem Denken kann bewirken, daß die größten Probleme sich entwirren und lösen. Wenn Sie dem Leben die richtigen Fragen stellen, wird das Leben Ihnen antworten.

Es gibt viele Möglichkeiten, wie wir in unserem Leben die nötigen Veränderungen herbeiführen kön-nen. Wir können auch damit beginnen, unsere Fehler genauer anzuschauen – NICHT, indem wir kritisch betrachten, was mit uns nicht stimmt, sondern indem wir die von uns selbst aufgerichteten Barrie-ren erkennen, die unsere persönliche Entwicklung behindern. Ohne uns in Selbstvorwürfen zu erge-hen, können wir dann die Barrieren abbauen und Änderungen ermöglichen. Viele dieser Barrieren stammen aus unserer Kindheit. Damals haben wir vieles gelernt, das niemals gut für uns war. Wir haben einfach die Glaubenssätze anderer Menschen übernommen. Wenn wir diese Art zu denken einst lernen konnten, dann können wir sie jetzt auch wieder verlernen. Wir entwickeln einfach die Bereitschaft, Selbstliebe zu erlernen. Und dann entwickeln wir ein paar einfache Grundregeln:

1. Beenden Sie jede Form der Kritik.

Kritik ist völlig sinnlos; dadurch wird niemals etwas Positives erreicht. Kritisieren Sie sich selbst nicht; befreien Sie sich von dieser Bürde. Kritisieren Sie auch andere nicht, denn die Fehler, die wir bei anderen zu entdecken glauben, sind meistens lediglich Projektionen dessen, was uns an uns selbst nicht gefällt. Negativ über einen anderen Menschen zu denken ist eine der wichtigsten Ursachen für Begrenzungen und Probleme in unserem eigenen Leben. Nur wir verurteilen uns selbst – das Leben, Gott, das Universum urteilen niemals.

Ich liebe und achte mich.

2. Jagen Sie sich selbst keine Angst ein.

Wir alle sollten damit aufhören. Viel zu oft terrorisieren wir uns mit unseren eigenen Gedanken. Wir können immer nur einen Gedanken nach dem anderen denken. Lernen wir also, in positiven Affirmationen zu denken. Auf diese Weise wird unser Denken unser Leben zum Besseren verändern. Wenn Sie sich dabei ertappen, daß Sie sich wieder einmal selbst Angst einjagen, sollten Sie sich sofort sagen:

*Ich löse mich jetzt von dem Bedürfnis, mich zu ängsti-
gen. Ich bin ein göttlicher, wunderbarer Ausdruck des
Lebens, und von diesem Moment an bejahe ich das Leben
voll und ganz.*

3. Werden Sie Ihre eigene beste Freundin.

Weil uns die Beziehung zu anderen Menschen so wichtig ist, neigen wir oft dazu, uns selbst regelrecht weg-
zuwerfen. Unseren eigenen Bedürfnisse widmen wir
uns nur sehr selten. Sorgen Sie also gut für sich selbst,
und zwar für den Menschen, der Sie jetzt im Moment
sind. Gehen Sie eine Liebesbeziehung zu sich selbst
ein. Kümmern Sie sich um Ihr Herz und Ihre Seele.
Ich meine es gut mit mir.

4. Behandeln Sie sich, als würden Sie geliebt.

Behandeln Sie sich selbst mit Respekt und Zuneigung. Wenn Sie sich selbst lieben, werden Sie dadurch offener für die Liebe anderer. Das Gesetz der
Liebe erfordert es, daß Sie Ihre Aufmerksamkeit auf
Erwünschtes richten, *nicht* auf Unerwünschtes. Konzentrieren Sie sich darauf, sich zu lieben.
Ich liebe mich in diesem Moment in jeder Hinsicht.

5. Sorgen Sie gut für Ihren Körper.

Ihr Körper ist ein kostbarer Tempel. Wenn Sie ein
langes, erfülltes Leben führen möchten, dann sollten
Sie heute gut für sich sorgen. Schließlich möchten

Sie gut aussehen, und, vor allem, sich gut fühlen und eine Menge Energie zur Verfügung haben. Gesunde Ernährung und ausreichend Bewegung sind wichtig. So bleibt Ihr Körper bis zum letzten Tag, den Sie auf dem Planeten verbringen, elastisch und vital.

Ich bin stark, gesund und glücklich.

6. Bilden Sie sich.

Oft beklagen wir uns darüber, schlecht über dieses und jenes informiert zu sein und nicht zu wissen, was wir tun können. Dabei sind wir doch aufgeweckt und intelligent! Und wir können lernen. Überall gibt es Bücher, Kurse und Kassetten. Wenn Sie gegenwärtig mit dem Geld haushalten müssen, können Sie immer noch die öffentlichen Bibliotheken nutzen. Suchen Sie sich eine für Sie geeignete Selbsthilfegruppe – Sie finden sie in den Gelben Seiten des Telefonbuchs. Ich weiß, daß ich bis zu meinem letzten Lebenstag nicht aufhören werde, zu lernen.

Ich lerne ständig dazu und entwickle mich weiter.

7. Bauen Sie sich eine gesicherte finanzielle Zukunft.

Jede Frau hat das Recht, über eigenes Geld zu verfügen. Diese Überzeugung sollten Sie sich unbedingt zu eigen machen. Das ist eine Frage der Selbstachtung. Es macht nichts, wenn Sie dabei ganz klein anfangen. Wichtig ist, daß wir lernen, uns Geld zurückzulegen. Affirmationen sind hierbei sehr hilfreich.

Mein Einkommen wächst stetig.

Ich bin in jeder Hinsicht wohlhabend und erfolgreich.

8. Seien Sie kreativ.

Kreativität kann Ihnen große Befriedigung schenken. Sie kann sich in vielem ausdrücken, vom Backen eines Kuchens bis zum Entwerfen eines Gebäudes. Gönnen Sie sich die Zeit, sich kreativ zu betätigen. Wenn Sie Kinder haben und wenig Zeit erübrigen können, könnten Sie sich mit einer Freundin arrangieren, daß Sie sich zu bestimmten Zeiten gegenseitig die Kinderbetreuung abnehmen. Sie beide brauchen die Möglichkeit, hin und wieder allein zu sein und etwas für sich zu tun. Das haben Sie einfach verdient, wie jeder Mensch. Bejahen Sie mit Nachdruck:

Ich finde immer genug Zeit, um kreativ zu sein.

9. Stellen Sie Freude und Glücklichsein ins Zentrum Ihrer Aufmerksamkeit.

Freude und Glück wohnen stets in Ihnen. Sorgen Sie dafür, daß Sie mit diesem Teil Ihres Wesens in gutem Kontakt stehen. Bauen Sie Ihr Leben auf dieses innere Glücksgefühl auf. Wenn wir glücklich sind, können wir kreativ sein, Herausforderungen besser meistern und uns leichter neuen Ideen öffnen. Eine Affirmation, die in diesem Zusammenhang sehr hilfreich ist, lautet:

Ich bin von Freude erfüllt und bringe mein Glück zum Ausdruck.

10. Bewahren Sie Ihre Integrität:
Halten Sie, was Sie versprechen.

Um sich selbst achten und annehmen zu können, müssen Sie Integrität besitzen. Lernen Sie, Wort zu halten. Machen Sie keine leeren Versprechungen – auch nicht sich selbst gegenüber. Versprechen Sie sich nicht selbst, morgen mit einer Diät zu beginnen oder von nun an täglich Sport zu treiben, wenn Sie nicht sicher sind, daß Sie sich auch daran halten. Sie sollten sich selbst gegenüber ehrlich sein und sich voll und ganz vertrauen können.

11. Entwickeln Sie eine starke spirituelle
Verbindung mit dem Leben.

Diese Verbindung kann, muß aber nicht, im Rahmen der Religion bestehen, mit der sie aufwuchsen. Als Kinder hatten wir keine Wahl. Jetzt, als Erwachsene, können wir unseren eigenen spirituellen Weg, unsere eigenen religiösen Überzeugungen frei wählen. Stille und Zurückgezogenheit sollten in unserem Leben einen wichtigen Platz einnehmen. Die Beziehung zu Ihrem inneren Selbst ist die wichtigste Beziehung in Ihrem Leben. Gönnen Sie sich regelmäßige Zeiten der Stille, während denen Sie Verbindung mit Ihrer inneren Führung aufnehmen.

Meine spirituellen Glaubenssätze ermutigen mich und helfen mir, alles zu sein, was ich sein kann.

Prägen Sie sich diese Ideen sorgfältig ein und bejahen Sie sie immer wieder – bis sie fester Bestandteil Ihres Denkens und Ihres Lebens sind!

4. KAPITEL

Ihre Beziehung zu ... sich selbst

Statt mich darüber auszulassen, wie Sie Ihre gegenwärtige Partnerschaft verbessern oder den perfekten Partner finden können (darüber sind ja bereits Dutzende von Büchern geschrieben worden), möchte ich mich in diesem Teil des Buches auf die wichtigste Beziehung in Ihrem Leben konzentrieren – die Beziehung, die Sie zu *sich selbst* haben.

Das Denken vieler Frauen kreist voller Zweifel um die Frage: »Wie kann ich ohne einen Partner ein erfülltes Leben führen?« Die Vorstellung, allein zu leben, ist für viele Frauen ziemlich furchterregend. Wir müssen uns unsere Ängste bewußtmachen und dann durch sie hindurchgehen. Stellen Sie eine Liste aller Ihrer Ängste auf (WOVOR ICH MICH FÜRCHTE ...), betrachten Sie sie genau und beginnen Sie dann damit, sie aufzulösen. Sie müssen nicht gegen Ihre Ängste ankämpfen; damit verleihen Sie ihnen nur unnötig Macht. Machen Sie eine Meditation, in der Sie sich jede Angst anschauen und sie dann in einen Fluß werfen, der sie davonspült. Verwandeln Sie jede einzelne Ihrer Ängste in eine positive Affirmation. »Ich fürchte, daß mich nie jemand lieben wird« kann sich verwandeln zu »Ich bin ein wertvoller Mensch, und ich liebe mich ehrlich und von Herzen«. Wenn wir uns selbst nicht die Liebe geben können, die wir uns wünschen, werden wir sie in der Außenwelt nie finden. Verschwenden Sie keine Zeit darauf, sich nach etwas zu verzehren, was momentan nicht Teil Ihres Lebens ist. Beginnen Sie stattdessen damit, zu sich selbst zärtlich und liebevoll zu sein. Lassen Sie Ihren Körper und Ihr Herz erleben, wie sich Liebe anfühlt. Behandeln Sie sich selbst so, wie Sie gerne von einem Geliebten behandelt werden möchten.

Fast jede Frau muß zu irgendeiner Zeit ihres Lebens allein leben – sei es als junger Single, als geschiedene Frau oder als Witwe. Ich glaube, ALLE Frauen, selbst jene, die gegenwärtig in einer wunderbaren Partnerschaft leben, sollten sich die Frage stellen: »Bin ich darauf vorbereitet, ein eigenständiges Leben zu führen?« Wenn wir ganz davon abhängen, daß andere für uns sorgen, bleiben unsere eigenen inneren Ressourcen ungenutzt. Auch wenn wir in einer Beziehung leben, brauchen wir Zeiten des Alleinseins – Zeit, um herauszufinden, wer wir sind, und um über unsere Ziele und die Dinge, die wir in unserem Leben gerne verändern möchten, nachzudenken. Unsere allein verbrachte Zeit kann für uns ebenso erfüllend sein wie die Zeit, die wir mit anderen Menschen verbringen – besonders dann, wenn wir unsere Gedanken zu unseren eigenen besten Freunden machen.

Heutzutage steht einer unverheirateten Frau die ganze Welt offen. Sie kann so hoch aufsteigen, wie ihre Fähigkeiten und ihr Glaube an sich selbst es zulassen. Sie kann reisen, sich ihren Beruf selbst aussuchen, viel Geld verdienen, viele Freunde haben und große Selbstachtung entwickeln. Sie kann sogar Sexualpartner und liebevolle Beziehungen haben, wenn sie das möchte. Eine Frau kann sich heute dafür entscheiden, ohne Heirat ein Kind zu bekommen und dennoch weiterhin gesellschaftlich angesehen zu sein, wie es viele bekannte Schauspielerinnen und andere Frauen des öffentlichen Lebens vormachen. Die Frau von heute kann ihren eigenen Lebensstil prägen.

Für viele Frauen überall auf der Welt wird es nie eine länger dauernde Beziehung zu einem Mann geben. Es ist gut möglich, daß sie ihr ganzes Leben alleinstehend bleiben. Gegenwärtig leben in den USA etwa 122 Millionen Männer und 129 Millionen Frauen. In Frankreich und einigen anderen Ländern ist dieser zahlenmäßige Unterschied sogar noch größer. Die Zahl der weiblichen Single-Haushalte wächst wie nie zuvor. Diese statistische Entwicklung sollten wir nicht als Tragödie betrachten, sondern als eine Chance für die Evolution der Frauen. Sie wissen doch selbst, wie das ist: Wenn Sie nicht von sich aus anstehende Veränderungen einleiten, greift das Leben ein und zwingt Sie, die Richtung zu ändern. Wenn Sie sich beispielsweise nicht von sich aus um eine bessere Arbeit bemühen, falls Sie Ihren gegenwärtigen Job hassen, dann wird es darauf hinauslaufen, daß man Sie FEUERT. Auf diese Weise gibt das Leben Ihnen jene Gelegenheit, die Sie zuvor von sich aus nicht ergreifen wollten. Die Frauen haben die Veränderungen ihres Bewußtseins, die für ein erfülltes und selbstbestimmtes Dasein notwendig sind, bislang gescheut, und nun zwingt das Leben sie in die richtige Richtung.

Wir alle tragen Liebe in uns

Es ist traurig, daß viele Frauen ständig jammern und klagen, wenn sie keinen Mann an ihrer Seite haben. Wir müssen uns nicht unvollständig fühlen, wenn wir unverheiratet sind oder nicht in einer Beziehung leben. Wenn wir »nach Liebe suchen«, sagen wir damit, daß wir sie nicht haben. Aber wir alle tragen Liebe in uns. Niemand anderes kann uns je die Liebe geben, die wir uns selbst geben können. Und diese Liebe kann uns auch niemand nehmen. Wir sollten damit aufhören, »am falschen Ort nach Liebe zu suchen«. Ständig angstvoll nach dem richtigen Partner Ausschau zu halten ist ebenso ungesund, wie sich an einer suchtartigen, gestörten Beziehung festzuklammern. Wenn wir süchtig danach sind, einen Partner zu finden, dann spiegelt diese Sucht lediglich unser Gefühl eines inneren Mangels wider. Das ist so ungesund wie jede andere Form der Abhängigkeit. Es ist einfach nur ein anderer Weg, ängstlich zu fragen: »Was stimmt nicht mit mir?«

Die »Sucht nach dem richtigen Partner« ist stets von großen Ängsten begleitet – und dem starken Gefühl, »nicht gut genug« zu sein. Wir setzen uns dabei selbst derart unter Druck, daß viele Frauen sich schließlich mit Partnern einlassen, die sie nicht zufriedenstellen können oder gar gewalttätig sind. Doch es ist absolut nicht nötig, daß wir uns etwas Derartiges antun. Das ist kein Akt der Selbstliebe.

Wir müssen uns keinen schmerzhaften und leidvollen Beziehungen aussetzen, und wenn wir allein sind, brauchen wir uns nicht einsam und unglücklich zu fühlen. Solche Gefühle basieren auf unseren eigenen Entscheidungen, und wir können jederzeit neue Entscheidungen treffen, die uns Erfüllung und Befriedigung schenken. Zugegeben, wir wurden darauf programmiert, eingeschränkte Wahlmöglichkeiten für unser Leben zu akzeptieren. Doch das geschah in der Vergangenheit. Machen wir uns also bewußt, daß heute ein neuer Tag ist, und daß der Kraftpunkt sich immer in der Gegenwart befindet. Was wir heute glauben und akzeptieren entscheidet über unsere Zukunft. Wir können unser Denken und unsere Glaubenssätze verändern. Wir können jetzt sofort, in dieser Minute, damit beginnen, neue Horizonte für uns zu erschaffen. Wir sollten fähig werden, die Zeiten, die wir allein verbringen, als Geschenk zu betrachten!

Manchmal ist es besser für uns, allein zu sein. Immer mehr Frauen, deren erste Ehe zu Ende gegangen ist (sei es durch eine Scheidung oder den Tod des Mannes) und die sich selbst ernähren können, entscheiden sich dafür, sich nicht erneut zu verheiraten. Die Ehe ist ein Brauch, der vor allem für Männer von Nutzen ist, die glauben, daß die Frau in der Ehe ihre Unabhängigkeit aufgeben und zur Dienstmagd werden soll. Uns Frauen wurde beigebracht, uns zum Wohle der Ehe selbst zu verleugnen, und Männer denken, die Ehe sei dazu da, sich von einer Frau umsorgen zu lassen. Viele Frauen ziehen es vor, allein zu leben, statt ihre Unabhängigkeit aufzugeben. Einem Mann gehorsam zu sein ist für sie nicht länger eine erstrebenswerte Perspektive.

Ein altes Sprichwort lautet: »Die Frauen tragen die eine Hälfte des Himmels.« Es ist an der Zeit, daß wir dies Wirklichkeit werden lassen. Wir werden es jedoch gewiß nicht lernen, indem wir jammern, schimpfen und uns selbst zu Opfern erklären, oder indem wir unsere Macht an die Männer oder das System abgeben. Die Männer in unserem Leben sind Spiegel dessen, was wir über uns selbst glauben. Viel zu oft erwarten wir von anderen, daß sie uns das Gefühl geben, geliebt zu werden und nicht einsam zu sein. Doch alles, was sie für uns tun können, ist, uns das Verhältnis widerzuspiegeln, das wir uns selbst gegenüber haben. Um weiterzukommen, müssen wir das Verhältnis zu uns selbst verbessern. Ich möchte mich in meiner Arbeit künftig vor allem darauf konzentrieren, Frauen dabei zu helfen, ihre eigene Macht und Kraft auf positive Weise zu akzeptieren und zu gebrauchen.

Wir alle müssen uns sehr genau darüber im klaren sein, daß die Liebe in unserem Leben bei uns selbst beginnt. Oft suchen wir nach dem »Traummann«, der alle unsere Probleme löst. Viel besser ist es, selbst die eigene »Traumfrau« zu werden. Wenn es in meinem Leben gegenwärtig keinen Traummann gibt, kann ich immer noch meine eigene Traumfrau sein. Ich kann die Dinge selbst in die Hand nehmen und mir ein Leben nach meinen Wünschen erschaffen.

Wenn Sie also nicht in einer Beziehung leben, sollten Sie nicht denken, Sie seien dazu *verdammt*, allein zu sein. Betrachten Sie diesen Zustand vielmehr als eine Chance, Ihr Leben schöner zu gestalten als selbst in Ihren kühnsten Träumen. Als Kind und auch noch als junge Frau hätte ich nie für möglich gehalten, daß ich später einmal ein so wunderbares Leben führen könnte. Lieben Sie sich selbst und lassen Sie sich vom Leben zu Ihrer wahren Bestimmung führen. Alle Hindernisse und Schranken sind aus dem Weg geräumt. Heute können wir uns so hoch hinaufschwingen, wie wir es wirklich wollen.

5. KAPITEL

»*Solange wir das System ›anbetteln‹ müssen, uns die Kontrolle über unsere Fruchtbarkeit zu geben, sind wir Sklavinnen. Die Mittel hierfür müssen uns frei zugänglich sein.*«

zitiert aus dem Buch
From Housewife to Heretic
von Sonja Johnson.

Kinder, Mutterschaft
und Selbstachtung

Ich möchte nun gerne ein wenig über Kinder und Mutterschaft sprechen. Ich weiß, daß ich in vielen verschiedenen Leben viele Kinder geboren habe. In diesem Leben habe ich keine Kinder. Ich akzeptiere, daß das für mich diesmal die perfekte Lösung ist. Das Universum hat mir eine reiche Lebenserfahrung geschenkt und mich zur Ersatzmutter für Millionen werden lassen.

Übernehmen Sie bitte nicht von anderen den Glauben, das Leben einer Frau sei ohne Kind unerfüllt. Das mag auf die meisten Frauen zutreffen, aber nicht auf alle. Die Gesellschaft beharrt darauf, alle Frauen müßten Kinder bekommen, was ein guter Weg ist, die Frauen an ihrem Platz zu halten. Ich gehe stets davon aus, daß es für alles einen Grund gibt. Wenn Sie keine Kinder haben, dann ist es Ihnen vielleicht bestimmt, andere Dinge im Leben zu vollbringen. Wenn Sie sich nach eigenen Kindern sehnen und den Mangel schmerzlich spüren, sollten Sie diesen Schmerz annehmen. Und dann weitergehen. Bleiben Sie nicht ewig in der Trauer über Ihre Kinderlosigkeit stecken. Bejahen Sie:

»Ich weiß, daß alles, was in meinem Leben geschieht, meinem höchsten Wohl dient. Ich finde in meinem Leben tiefe Erfüllung.«

Es gibt auf dieser Welt so viele elternlose Kinder. Wenn wir wirklich unseren Mutterinstinkt erfüllen möchten, dann kann die Rettung solcher Kinder und ihre Adoption eine gute Alternative sein. Auch können wir die Mutterrolle für andere Frauen einnehmen. Wir können eine unglückliche, in einer Notlage befindliche Frau unter unsere Fittiche nehmen und ihr helfen, wieder auf die Beine zu kommen. Wir können Tiere retten. Ich habe vier Hunde und zwei Kaninchen. Alle diese Tiere wurden aus Tierheimen gerettet. Jedes von ihnen hat seine eigene Leidensgeschichte. Ich habe gelernt, daß ein Jahr liebevolle Zuwendung bei uns allen Wunder vollbringen kann, auch bei Tieren. Wir können auf vielfältige Weise mithelfen, diese Welt zu verbessern.

Gegenwärtig entsteht eine gewaltige Industrie, die damit Profite macht, Fruchtbarkeit »zu verkaufen«; daraus ist ein Zwei-Milliarden-Dollar-Geschäft geworden, und die Fruchtbarkeits-Kliniken machen auf sehr aggressive Weise Reklame für ihre Dienste. Es gibt in den USA kaum gesetzliche Einschränkungen für diese Industrie. Dabei ist es doch gewiß nicht erstrebenswert, daß der Wunsch nach einer Schwangerschaft zu dauernder Verzweiflung führt und das ganze Leben einer Frau beherrscht. Künstliche Befruchtung ist zu einer neuen gesellschaftlichen Modeerscheinung geworden, und es ist keine gesunde Mode. Wenn Ihr Körper bereit dafür ist, ein Kind zu bekommen, dann wird er auch schwanger werden. Wenn Sie nicht schwanger werden, gibt es dafür einen guten Grund. Akzeptieren Sie es. Es gibt andere Dinge, die Sie im Leben vollbringen können. Vielleicht entdecken Sie ja eine Berufung, die Ihnen zuvor nie in den Sinn gekommen wäre.

Ich persönlich bin überzeugt, daß es besser ist, auf Fruchtbarkeits-Behandlungen zu verzichten. Wir wissen noch zu wenig über diese experimentellen Methoden. Ärzte experimentieren mit den Körpern der Frauen und mit Fötussen. Fruchtbarkeits-Behandlungen sind sehr teuer, und ich halte sie für gefährlich. Gegenwärtig liest man immer häufiger von schrecklichen Folgen dieser Behandlungen. Eine Frau, die, zu enormen Kosten, 40 Behandlungen über sich ergehen ließ, wurde dennoch nicht schwanger, infizierte sich aber mit Aids, da einer der vielen Samenspender den Erreger in sich trug. Ich habe von Paaren gelesen, die Hypotheken auf ihr Haus aufnehmen, um die Behandlungskosten aufbringen zu können, ohne daß sich ein Erfolg einstellt. Überlegen Sie es sich gut, ehe Sie sich auf eine Fruchtbarkeits-Behandlung einlassen. Lesen Sie alles, was zu diesem Thema verfügbar ist, nicht nur die Literatur, die Sie von der Fruchtbarkeits-Klinik erhalten. Informieren Sie sich und seien Sie auf der Hut.

Abtreibung ist in unserer Kultur ein schwieriges Thema, um das viele sehr aggressive Glaubenssätze kreisen. Es ist hier nicht wie in China, wo man Frauen dazu zwingt, Abtreibungen vorzunehmen, um das Bevölkerungswachstum zu begrenzen. Wir haben die Abtreibung zu einer Frage der Moral und sogar zu einem politischen Thema gemacht, während die Chinesen sie als reine Notwendigkeit betrachten. Was die Abtreibungsgegner wirklich sagen, ist, daß Frauen dort bleiben sollen, wo sie angeblich hingehören. Wir sollen Kinder gebären und unseren Familien dienen. Unsere Gebärfähigkeit wird sogar als politische Frage behandelt. Eine Abtreibung ist stets eine schwere Entscheidung. Sicher wäre es besser, das Kind austragen zu können, aber ich würde nie eine Frau verurteilen, die sich in einer verzweifelten Lage befindet und sich dann für eine Abtreibung entscheidet.

Ich habe von indianischen Medizinfrauen in Northern Baja, Mexico, gehört, die sagen, daß es Kräuter gibt, mit denen sich Schwangerschaften verhüten lassen. Sie werden zweimal eingenommen und gewährleisten dann einen acht Jahre dauernden Schwangerschaftsschutz ohne jede Nebenwirkungen. Ich habe immer gewußt, daß die Natur für alles das richtige Mittel bereithält, wenn wir nur bereit sind, ihre Geheimnisse kennenzulernen. Diejenigen von uns, die »zivilisierter« sind, intellektueller, sich weiter von der Natur entfernt haben, suchen stattdessen Hilfe bei chemischen Arzneien und der Chirurgie.

Ich bin zuversichtlich, daß wir eines Tages lernen werden, geistig zu steuern, ob wir ein Kind empfangen oder eine Schwangerschaft verhüten. Ich weiß, daß unser Geist diese Fähigkeit besitzt. Wir haben es nur noch nicht gelernt. Wissenschaftler sagen, daß wir nur 10 Prozent unserer Gehirnkapazität nutzen.

Gewiß kommt die Zeit, in der wir die anderen 90 Prozent aktivieren und entdecken, daß in uns Fähigkeiten schlummern, die wir uns heute kaum vorstellen können.

Erziehen wir unsere Kinder dazu, sich selbst zu lieben

Viele alleinstehende Mütter müssen ganz auf sich gestellt ihre Kinder großziehen. Das ist eine sehr schwere Aufgabe, und ich habe großen Respekt vor jeder dieser Frauen. Sie wissen wirklich, was das Wort »Erschöpfung« bedeutet. Angesichts der gegenwärtigen Scheidungsrate sollte sich jede frisch verheiratete Frau, ehe sie Kinder bekommt, die Frage stellen: »Bin ich willens und in der Lage, meine Kinder auch allein großzuziehen?« Kinderbetreuung und -erziehung macht mehr Arbeit, als manche junge Frau denkt. Alleinerziehender Elternteil zu sein kann eine erdrückende Belastung darstellen. Als Gesellschaft müssen wir entschieden fordern, daß allen berufstätigen Frauen eine ausreichende Kinderbetreuung zur Verfügung steht. Frauen müssen mit dafür sorgen, daß Gesetze erlassen werden, die die Situation von Frauen und Kindern verbessern helfen.

Als Mütter brauchen wir keine »Superfrauen« zu sein, und wir müssen auch keine »perfekten Eltern« sein. Wenn Sie etwas dazulernen möchten, können Sie einige der hervorragenden Bücher lesen, die inzwischen zum Thema Kindererziehung erschienen sind, etwa *What Do You Really Want for Your Children?* von Wayne Dyer. Wenn Sie liebevolle

Eltern sind, haben Ihre Kinder ausgezeichnete Chancen, zu Menschen heranzuwachsen, wie man sie sich als Freunde wünscht. Sie werden selbstbewußt, innerlich erfüllt und erfolgreich sein. Selbsterfüllung bringt inneren Frieden. Uns selbst zu lieben ist, wie ich glaube, das Beste, was wir für unsere Kinder tun können, denn Kinder lernen immer durch Vorbilder. Wenn Sie Ihre eigene Lebensqualität verbessern, verbessern Ihre Kinder automatisch auch ihre. Die Selbstachtung, die Sie aufbringen, wird dazu führen, daß auch die anderen Mitglieder Ihrer Familie mehr Selbstachtung entwickeln.

Eine alleinerziehende Mutter zu sein hat auch eine positive Seite. Frauen erhalten dadurch die Möglichkeit, ihre Söhne zu den Männern heranzuziehen, die sie sich wünschen. Frauen beklagen sich so häufig über das Verhalten und die Ansichten der Männer, obwohl sie doch selbst maßgeblich an der Erziehung der Söhne beteiligt sind. Wenn wir Männer wollen, die freundlich, liebevoll und in Kontakt mit ihrer eigenen weiblichen Seite sind, dann liegt es an uns, sie entsprechend zu erziehen. Welche Eigenschaften wünschen Sie sich bei einem Mann, einem Lebenspartner? Schreiben Sie diese Dinge auf, und machen Sie sich ganz genau klar, was Sie sich *wirklich* wünschen. Bringen Sie dann Ihrem Sohn bei, so zu werden. Seine Frau wird Sie später dafür lieben, und Sie und Ihr Sohn werden immer ein gutes Verhältnis zueinander haben.

Wenn Sie eine alleinerziehende Mutter sind, sollten Sie Ihren Ex-Mann nicht schlechtmachen. Damit lehren Sie Ihre Kinder nur, daß Ehe Krieg bedeutet, und wenn sie dann heranwachsen, werden ihre Ehen ein Schlachtfeld sein. Eine Mutter hat mehr

Einfluß auf ihr Kind als irgend jemand sonst. Mütter, vereinigt euch! Wenn wir Frauen uns zusammentun, können wir die Art von Männer bekommen, die wir uns wünschen – in nur einer Generation.

In allen Grundschulen sollte täglich Unterricht in Selbstachtung und dem Aufbau eines guten Selbstwertgefühls erteilt werden. Zeigt den Kindern, wie sie ein gesundes Selbstvertrauen entwickeln können, dann werden wir später Erwachsene mit gesundem Selbstvertrauen haben! Ich bekomme oft Briefe von Frauen und Männern, die an Schulen unterrichten. Sie schreiben mir, welche wundervollen Resultate sie erzielen, wenn sie diese Methoden lehren. Es ist wunderbar, zu sehen, was sie bei den Kindern damit Gutes bewirken. Meistens unterrichten sie sie nur während eines einzigen Schuljahres, aber selbst in dieser kurzen Zeit können sie in jedem Kind einige positive Ideen verankern.

Wenn unsere Töchter lernen, selbstbewußt und stark zu sein, werden sie es nicht länger zulassen, daß man sie mißbraucht oder in irgendeiner Weise herabwürdigt. Und unsere Söhne werden lernen, allen Menschen mit Respekt zu begegnen, einschließlich den Frauen in ihrem Leben. Kein kleiner Junge kommt als Schläger auf die Welt, und kein kleines Mädchen wird als Opfer oder mit einem Mangel an Selbstachtung geboren. Gewalt gegen andere und Mangel an Selbstachtung sind *erlernte* Verhaltensweisen. Kindern wird beigebracht, gewalttätig zu sein oder eine Opferrolle zu akzeptieren. Wenn wir wollen, daß die Erwachsenen in unserer Gesellschaft einander mit Respekt behandeln, müssen wir unsere Kinder dazu erziehen, sanft zu sein und Selbstachtung zu entwickeln. Nur auf diese

Weise werden beide Geschlechter einander wirklich Ehre erweisen.

Als Eltern haben Sie die Möglichkeit, Vorbild für Ihre Kinder zu sein. Sie können Ihren Kindern beibringen, Affirmationen anzuwenden und dabei in den Spiegel zu schauen. Kinder lieben diese Spiegelarbeit. Arbeiten Sie gemeinsam vor einem Spiegel mit positiven Affirmationen. Sie können abwechselnd Affirmationen füreinander sprechen. Helfen Sie sich gegenseitig, positive Lebenserfahrungen zu erzeugen. Eine Familie, die gemeinsam Affirmationen anwendet, hat ein wunderbares Leben. Machen Sie Ihren Kindern bewußt, wie wichtig ihre Gedanken sind. Die Kinder werden lernen, daß sie teilweise für ihre Erfahrungen selbst verantwortlich sind; sie sind Mitschöpfer im Prozeß des Lebens – das verleiht ihnen die Macht, positive Veränderungen herbeizuführen.

Eltern neigen dazu, viele Emotionen zu unterdrücken. In jeder Ehe gibt es für gewöhnlich einige unausgesprochene / unkommunizierte Probleme, die noch nicht geklärt wurden. Kinder nehmen diese Dinge auf und drücken sie in ihrem Verhalten aus. Wenn sie sich auffallend trotzig oder aggressiv verhalten, spiegeln sie die unterdrückten Gefühle ihrer Eltern wider. Während der Teenager-Jahre verstärkt sich dieses Muster. Eltern neigen dazu, den Kindern Vorwürfe zu machen, statt ihre eigenen unbewältigten Probleme zu lösen. Wenn Ihr Kind sich auffällig verhält, sollten Sie überlegen, welches Ihrer eigenen unterdrückten emotionalen Probleme sich möglicherweise darin spiegelt. Wenn Sie Ihre eigenen alten Grollgefühle aufarbeiten und Vergebung praktizieren, werden Sie erleben, daß sich Ihre Kinder auf wunderbare Weise zum Besseren verändern.

Oft verwechseln wir im Leben den Boten mit der Botschaft und verpassen so unsere Lektion. Wenn unsere Kinder oder andere Menschen etwas tun, das uns ernsthaft ärgert oder beunruhigt, werden wir in der Regel wütend und machen ihnen Vorwürfe. Dabei erkennen wir nicht, daß die anderen lediglich eine Rolle in unserem Theaterstück spielen. Sie spiegeln einen Glaubenssatz, ein Denkmuster oder ein verdrängtes Problem *in* uns wider. Sie zeigen uns etwas, so daß wir Gelegenheit bekommen, bewußt an diesem inneren Problem zu arbeiten. Wenn Sie sich das nächste Mal über jemanden ärgern, sollten Sie einen Schritt zurücktreten und sich fragen: »Worin besteht hierbei meine Lektion? Auf welche Weise erinnert dieser Vorfall mich an etwas aus meiner Kindheit? Nach welchem inneren Muster muß ich bei mir Ausschau halten? Bin ich bereit, mir selbst und allen anderen Beteiligten an dem ursprünglichen Geschehen zu vergeben?«

Unsere Kinder und unsere Freunde zeigen uns oft Dinge über uns selbst, die wir lieber nicht sehen wollen, mit denen wir uns lieber nicht befassen möchten. Wir laufen gerne vor den Lektionen davon, die das Leben für uns bereithält.

6. KAPITEL

Sorgen Sie selbst für Ihre Gesundheit

Wir Frauen sollten uns über die vielen alternativen Behandlungsmethoden informieren, die uns heute zur Verfügung stehen. Wir sollten uns nicht ausschließlich auf die Pillen der Pharmaindustrie verlassen. Deren Werbespots im Fernsehen werden uns niemals die Informationen liefern, die wir benötigen. Frei über den Ladentisch verkäufliche Medikamente können Symptome unterdrücken, aber mit wirklicher Heilung haben sie nichts zu tun. Wenn wir an alten Glaubenssystemen festhalten und weiter veraltete Methoden bei körperlichen Störungen einsetzen, können wir nur schwer unsere persönliche Macht zurückgewinnen.

Es ist an der Zeit, daß wir uns unsere Macht von der medizinischen und pharmazeutischen Industrie zurückholen. Wir haben uns bislang fest im Griff der High-Tech-Medizin befunden, die sehr teuer ist und oft unsere Gesundheit zerstört. Wir alle sollten heute lernen, selbst die Kontrolle über unsere Körper zu übernehmen und uns eine gute Gesundheit zu erschaffen. Auf diese Weise retten wir millionenfach Leben und sparen zugleich Milliarden Dollar ein. Wenn wir die Körper/Geist-Verbindung wirklich verstehen, werden die meisten unserer gesundheitlichen Probleme verschwinden.

In Ihrem örtlichen Reformhaus oder Naturkostladen finden Sie eine Fülle von Publikationen, die

Ihnen vermitteln, wie Sie sich gesund erhalten können. Alles, was Sie über sich selbst und über das Leben lernen, stärkt Ihr Selbstvertrauen und Ihre persönliche Macht. Nachdrücklich möchte ich Ihnen das Buch *Frauenkörper, Frauenweisheit* von Christiane Northrup empfehlen. Diese bekannte, ganzheitlich arbeitende Ärztin ist zu meiner persönlichen Mentorin geworden. Auch schlage ich Ihnen vor, Mitglied in ihrem *Health Wisdom for Women Network* zu werden. Sie gibt dort eine monatliche Veröffentlichung heraus, in der Sie darüber aufgeklärt werden, wie Sie Ihre Symptome auf natürliche Weise heilen können und aktuelle Informationen zu Fragen der weiblichen Gesundheit erhalten.

Die Bedeutung der Ernährung

Die Ernährung spielt für unsere Gesundheit und unser Wohlbefinden eine äußerst wichtige Rolle. In vielerlei Hinsicht sind wir, was wir essen. Meine grundlegende Philosophie zum Thema Essen lautet: Wenn es wächst, iß es; wenn es nicht wächst, iß es nicht. Früchte, Gemüse, Nüsse und Getreide wachsen. Schokokekse und Coca-Cola wachsen nicht. Ich glaube, daß die Fast-Food-Produkte unsere Gesundheit zerstören. Sind Sie sich der Tatsache bewußt, daß die fünf am meisten in Supermärkten verkauften Waren Coca-Cola, Pepsi-Cola, Campbell's Fertigsuppen, chemisch veränderter Käse und Bier sind? Diese Produkte besitzen keinerlei Nährwert, stecken voller Zucker und Salz und tragen zu den epidemisch verbreiteten Krankheiten in diesem Land bei. Informieren Sie sich über gesunde Ernährung. Das ist für Ihre Gesundheit von entscheidender Bedeutung. Industriell erzeugte Nahrungsmittel tragen nichts zu Ihrer Gesundheit bei, mögen die Bilder, die der Hersteller auf die Packung gedruckt hat, auch noch so schön sein.

Die heutigen Frauen werden sehr lange leben. Es gibt viel für uns zu tun, wenn wir diesen Planeten zu einem besseren Ort für alle Frauen machen wollen. Um das zu erreichen, müssen wir stark, beweglich und gesund sein. Wenn Sie ältere Frauen sehen, die hinfällig, krank und behindert sind, schauen Sie oft auf das Resultat eines Lebens voller ungesunder Ernährung, Mangel an körperlichem Training und belastet mit negativen Gedanken und Glaubenssätzen. So muß es nicht sein. Wir Frauen sollten lernen, gut für unsere wunderbaren Körper zu sorgen, damit wir in physischer Topform auf unseren Lebensabend zusteuern. Kürzlich ließ ich mich medizinisch durchchecken, und der Arzt sagte mir anschließend, für eine Person meines Alters befände ich mich in erstaunlich guter körperlicher Verfassung. Ich fand es verstörend, daß er offenbar davon ausging, eine Siebzigjährige müsse normalerweise bei schlechter Gesundheit sein!

Die Zellen Ihres Körpers sind lebendig und benötigen daher lebendige Nahrung, um zu wachsen und sich zu reproduzieren. Frischkost ist für Ihre Ernährung von entscheidender Wichtigkeit. Das Leben hat uns bereits mit allem versorgt, was wir brauchen, um uns zu ernähren und gesund zu bleiben. Je einfacher wir essen, desto gesünder werden wir sein. Wir sollten sorgfältig darauf achten, was wir unserem Körper einverleiben! Denn wenn wir es nicht selbst tun, wer dann? Durch ein bewußtes

Leben schützen wir uns vor Krankheit. Wenn Sie sich eine Stunde nach dem Mittagessen schläfrig fühlen, dann hat etwas, daß Sie gegessen haben, bei Ihnen zu einer allergischen Reaktion geführt. Achten Sie darauf, was Sie essen. Wählen Sie eine Ernährung, die Ihnen viel Energie verleiht.

Essen Sie so viel wie möglich biologisch angebautes Obst und Gemüse. Aus Dr. Andrew Weils monatlichem *Self-Healing*-Rundbrief habe ich erfahren, daß von den im Supermarkt angebotenen Obst- und Gemüsesorten die folgenden die meisten Pestizide enthalten (in dieser Reihenfolge): Erdbeeren, Paprikaschoten, Spinat, in den USA erzeugte Kirschen, Pfirsiche, in Mexiko erzeugte Kantalupen, Sellerie, Äpfel, Aprikosen, grüne Bohnen, chilenische Trauben und Gurken.

Hören Sie nicht auf die Behauptungen der Milch und Fleisch erzeugenden Industrie. Diesen Leuten ist Ihre Gesundheit egal; sie interessieren sich nur für Ihre Profite. Große Mengen rotes Fleisch und Milchprodukte zu verzehren ist nicht gut für den weiblichen Körper. Allein dadurch, daß Sie diese Nahrungsmittel aus Ihrer Ernährung streichen, können Menstruationsprobleme verschwinden und Symptome während der Menopause gelindert werden. Koffein und Zucker sind die beiden anderen Verantwortlichen für die meisten Gesundheitsprobleme von Frauen. Lernen Sie, sich auf gesunde Weise zu ernähren. Ihr Körper wird es Ihnen danken, indem er Energie und Kraft zurückgewinnt. Holen Sie sich Ihre Macht zurück. Lernen Sie Ihren Körper kennen. Wenn Sie sich gesund ernähren, werden Sie niemals eine Diät machen müssen.

Die Vorteile körperlichen Trainings

Eine ausgezeichnete Möglichkeit, sein Wohlbefinden zu steigern, besteht darin, sich Bewegung zu verschaffen. Bewegung ist für unsere Gesundheit unverzichtbar. Ohne körperliches Training werden unsere Knochen schwach und brüchig; sie benötigen regelmäßige Bewegung, um stark zu bleiben. Wir haben heute eine viel höhere Lebenserwartung, und wir möchten doch gewiß gerne bis zu unserem letzten Tag laufen, springen und tanzen! Finden Sie eine Form der Bewegung, die Ihnen Freude macht, und üben Sie sich regelmäßig darin. Alles, was Sie für sich selbst tun, ist entweder ein Ausdruck von Selbstliebe oder von Selbsthaß. Körperertüchtigung ist Selbstliebe, und sich selbst zu lieben ist in allen Lebensbereichen der Schlüssel zum Erfolg.

Eine großartige »Ein-Minuten-Übung« ist es, hundertmal auf und ab zu hüpfen. Das geht ganz leicht und hinterher fühlen Sie sich gut. Tanzen Sie zu Ihrer Lieblingsmusik. Rennen Sie einmal um den Block.

Auch könnten Sie sich ein Mini-Trampolin anschaffen und darauf hüpfen, anfangs ganz sachte. Das ist eine wirklich fröhliche Art des Trainings, und mit jedem Sprung reinigen Sie Ihr Lymphsystem, kräftigen Ihr Herz und Ihre Knochen. Der Erfinder des Mini-Trampolins hat inzwischen die Achtzig überschritten und propagiert noch immer überall die gute Nachricht, daß man bei entsprechendem Training auch im Alter topfit sein kann. Lassen Sie sich bloß nicht einreden, Sie seien zu alt, um sich Bewegung zu verschaffen.

Ein paar Gedanken zum Rauchen

Mit dem Rauchen aufzuhören ist mit das Beste, was Sie für Ihre Gesundheit tun können. Selbst wenn Sie nicht zu den 400 000 Menschen gehören, die jedes Jahr an durch Rauchen verursachten Krankheiten sterben, stellt das Rauchen doch einen wesentlichen Faktor bei Ihren gesundheitlichen Problemen dar. Von Problemen mit den Eierstöcken über Lungenkrebs und Herzkrankheiten bis zur Osteoporose, stets erhöht Rauchen das Risiko erheblich. Sucht und Leugnen der Gefahren spielen eine Hauptrolle, wenn eine Frau während der Schwangerschaft auf ihrem Tabakkonsum beharrt. Schon ihre Eitelkeit könnte für jede Frau ein guter Grund sein, sich das Rauchen abzugewöhnen: Es vergrößert die Poren, erzeugt Falten um den Mund und läßt die Haut vorzeitig altern. Außerdem riechen Raucherinnen wie schmutzige Aschenbecher. Wenn Sie sich entschließen, sich von dieser Sucht zu befreien, stehen Ihnen zahlreiche Hilfen zur Verfügung. Im Reformhaus gibt es viele Produkte, die Ihrem Körper dabei helfen, sein Gleichgewicht wiederzufinden. Akupunktur, Hypnose und die traditionelle chinesische Medizin können Ihnen die Rauchentwöhnung erleichtern. Ihr Körper wird Sie lieben, wenn Sie ihn mit Respekt behandeln. Schädliche Substanzen aus Ihrem Körper zu entfernen ist ein Akt der Selbstliebe.

Die Menopause: normal und natürlich

Ich glaube, daß die Menopause ein normaler, natürlicher Lebensprozeß ist. Es handelt sich dabei nicht um eine Krankheit. In jedem Monat scheidet der

Körper während der Menstruation das Bett für ein Baby aus, das nicht empfangen wurde. Gleichzeitig werden auch viele Giftstoffe ausgeschieden. Wenn wir uns überwiegend von Junk-Food ernähren, ja selbst bei der üblichen amerikanischen Ernährung aus industriell hergestellten Nahrungsmitteln – 20 Prozent Zucker und 37 Prozent Fett – sammeln sich in unserem Körper unaufhörlich Giftstoffe an, vermutlich mehr als wir verarbeiten können.

Wenn sich zu Beginn der Wechseljahre eine Menge Giftstoffe in unserem Körper abgelagert haben, wird diese Zeit für uns erheblich problematischer. Je besser Sie also täglich für Ihren Körper sorgen, desto reibungsloser wird Ihre Menopause verlaufen. Dabei spielt es eine wesentliche Rolle, welches Selbstbild wir haben und wie wir seit der Pubertät mit unserem Körper umgegangen sind. Frauen, die in den Wechseljahren unter starken Beschwerden leiden, haben sich in der Regel seit langer Zeit schlecht ernährt und besitzen zudem ein sehr negatives Selbstbild.

Um die Jahrhundertwende betrug die durchschnittliche Lebenserwartung von Frauen 49 Jahre. Damals war die Menopause kein großes Thema. Wenn eine Frau in die Wechseljahre kam, war ihr Leben so gut wie vorbei. Heute haben wir eine Lebenserwartung von 80 und bald schon 90 Jahren, so daß die Menopause unsere Aufmerksamkeit verdient. Immer mehr Frauen übernehmen heute eine aktive, eigenverantwortliche Rolle in ihrer Gesundheitsfürsorge. Sie möchten in größerer Harmonie mit ihrem Körper leben, damit Übergangsprozesse wie die Menopause sich auf natürliche Weise vollziehen, ohne große Beschwerden und Lebenseinschränkungen. Die Frauen der »Babyboomer«-Generation treten inzwischen in eine neue Ära ein, die der »Meno-Boomer«. Nun, da die Babyboomer die mittleren Jahre erreichen, hat sich das Interesse an der menopausalen Lebensphase explosionsartig gesteigert. Man schätzt, daß bis zum Jahr 2000 etwa 60 Millionen amerikanische Frauen diese hormonelle und physiologische Grenze der Fortpflanzungsfähigkeit überschreiten werden.

Traditionelle amerikanische Indianerinnen kennen keine Menopause; sie menstruieren bis zu ihrem Tod. Der Menstruationszyklus wurde von den indianischen Frauen als Zeichen der Gesundheit betrachtet. Die Frauen von Northern Baja, die heute noch wie vor 100 Jahren leben, bekommen bis ins hohe Alter ihre Periode. Die Idee der Menopause ist ihnen fremd. Der Menstruationszyklus galt als eine Zeit der Weisheit, und das Wissen der indianischen Frauen hatte in ihrer Kultur einen hohen Stellenwert. In der Vergangenheit war es für Indianerinnen normal, noch Kinder zu bekommen, wenn sie bereits die sechzig überschritten hatten. Natürlich geschieht das heute seltener, da das beschleunigte Lebenstempo, die Fehlernährung und dergleichen sich auch bei ihnen auswirken. Wenn wir das Wissen der indigenen Völker der Erde studieren, werden wir, davon bin ich überzeugt, natürlichere Methoden finden, mit dem normalen Menstruationszyklus umzugehen. Daß traditionell lebende japanische Frauen nicht unter Hitzewallungen leiden, ist, wie ich gehört habe, darauf zurückzuführen, daß sie so viele Sojaprodukte essen.

Die Östrogentherapie finde ich erschreckend. Die meisten unserer Informationen über sie stammen von den Pharmafirmen, die natürlich ein starkes

Interesse daran haben, ihre Produkte zu verkaufen. Ich stimme zu, daß diese Behandlung sich bei manchen Frauen positiv auswirkt. Doch eine »massenhaft angewandte Östrogentherapie bei Frauen von der Pubertät bis zum Grab«, wie einige Ärzte sie empfehlen, halte ich für keine gute Idee. Premarin, das heute so populär ist, wird aus dem Urin trächtiger Stuten hergestellt. Was soll daran gut für den Körper einer Frau sein? Die Natur in ihrer ganzen Weisheit hat unsere Körper so geschaffen, daß sie bis zu unserem letzten Tag perfekt funktionieren, sich selbst heilen und sehr lange leben können. Wir müssen auf dieses Wissen vertrauen, auf unsere innere Weisheit, statt auf Leute, die uns einreden wollen, unsere Körper würden nach der Menopause angeblich hinfällig und krank werden.

Ich würde es begrüßen, wenn endlich wissenschaftliche Studien über solche Frauen durchgeführt würden, die gesund sind und die Wechseljahre ohne Probleme durchleben. Während meiner Menopause hatte ich nur ein einziges Mal Hitzewallungen. Daraufhin erhielt ich ein homöopathisches Mittel, das dieses Symptom vollständig beseitigte.

Es hat sich herausgestellt, daß Progesteron oft viel hilfreicher für uns ist als Östrogen. Wenn wir glauben, wir litten unter Östrogenmangel, fehlt es uns sehr häufig in Wirklichkeit an Progesteron. Natürliches Progesteron, das aus der wilden mexikanischen Yamswurzel gewonnen wird, stimuliert außerdem den Knochenaufbau. Es regt die Osteoblast-Zellen dazu an, neues Knochengewebe zu bilden. Denken Sie daran: Knochen ist ein lebendiges Gewebe, und Knochenschwund läßt sich rückgängig machen. Natürliches Progesteron kann man in Reformhäusern als Creme kaufen. Diese Creme wird auf das weiche innere Gewebe des Körpers aufgetragen, wo sie gut absorbiert werden kann. Es treten dabei nicht die Nebenwirkungen wie bei synthetisch erzeugtem Östrogen auf. Progesteron lindert außerdem Menstruationsbeschwerden und viele Menopausen-Symptome.

Ich bestreite gar nicht, daß die Hormonersatz-Therapie bei manchen Frauen hilfreich ist. Die Behauptung vieler Vertreter des medizinischen Establishments, daß *alle* Frauen von der Menopause bis zu ihrem Tod eine solche Therapie benötigten, ist jedoch eine Verunglimpfung und Herabsetzung der Frauen mittleren Alters. Wir sollten nach Harmonie und Gleichgewicht in Körper und Geist streben. Dann werden potentiell schädliche, nebenwirkungsreiche medikamentöse Therapien höchstwahrscheinlich überflüssig.

Wie in allen anderen Lebensbereichen gilt auch hier, daß wir alle eine unterschiedliche Offenheit und innere Bereitschaft für alternative Methoden mitbringen. Viele von uns fühlen sich überfordert von der Verantwortung und der Hingabe, die dafür nötig sind, tief sitzende Konflikte und Blockaden in unserem Geist und Körper aufzuarbeiten und zu heilen. Wir sind solange auf die Hilfe von Ärzten und Angehörigen anderer Heilberufe angewiesen, bis wir uns innerlich bereit dazu fühlen, uns einigen der Themen zu stellen, die unsere Gesundheit beeinträchtigen, etwa unseren Glaubenssätzen bezüglich unseres Selbstwertes. Ein in unserer patriarchalischen Gesellschaft leider sehr verbreiteter Glaube besagt, daß Frauen ohne ihre Gebärfähigkeit keinen oder einen nur geringen Wert besitzen. Ist es da ein

Wunder, daß viele Frauen die Menopause fürchten und sich innerlich dagegen sträuben? Diese innere Problematik bleibt bei der Östrogentherapie völlig unberücksichtigt. Nur in unserem Denken und Fühlen können solche falschen Wahrnehmungen geheilt werden.

Ich wiederhole: Die Menopause ist keine Krankheit. Sie ist ein normaler, natürlicher Lebensprozeß. Doch ihre Vermarktung ist zu einem Riesengeschäft geworden, und fast alle unsere Informationen zu diesem Thema stammen von der Pharmaindustrie. Es ist unbedingt erforderlich, daß wir Frauen uns darüber informieren, welche Alternativen uns tatsächlich offenstehen. Bitte lesen Sie das folgende Buch und geben Sie es auch an Ihre Freundinnen weiter: *The Menopause Industry: How the Medical Establishment Exploits Women* von Sandra Coney. Darin dokumentiert die Autorin, daß die Ärzte sich bis in die sechziger Jahre nicht sonderlich für die Menopause interessierten. Den Frauen wurde gesagt, daß sie sich ihre Beschwerden nur einbildeten. Coney schreibt außerdem: »Auf keinem Gebiet offenbart sich der tief verwurzelte Sexismus der Medizin krasser als beim Thema Menopause. Die neue Sicht der Menopause als Krankheit ist eine Form der sozialen Kontrolle. Statt die Unabhängigkeit und Selbstbestimmung der Frauen zu fördern, macht die moderne Medizin aus gesunden Frauen Patientinnen.«

Es gibt viele von Ernährungsfachleuten empfohlene Kräuter und viele homöopathische Arzneien, die in dieser Phase des Lebens äußerst hilfreich sind. Es existieren auch natürliche Substanzen, die das Östrogen ersetzen können. Sprechen Sie mit Ihrer

Ernährungsberaterin darüber. Denken Sie daran, daß wir heutigen Frauen Pionierinnen sind, die daran arbeiten, alte, negative Glaubensmuster zu verändern, so daß unsere Töchter und Enkelinnen eine beschwerdefreie Menopause erleben können. Wir können lernen, unsere Menopause genauso zu planen, wie wir heute unsere Schwangerschaften planen.

Achten Sie bei Ihrer täglichen Meditation darauf, allen Teilen Ihres Körpers Liebe zu senden, besonders auch Ihren Geschlechts-/Fortpflanzungsorganen. Danken Sie diesen Organen dafür, daß sie Ihnen so gut dienen. Sagen Sie ihnen, daß Sie alles in Ihren Kräften Stehende tun werden, um sie gesund zu erhalten. Entwickeln Sie eine liebevolle Beziehung zu diesem Teil Ihres Körpers. Wenn Sie Ihren Körper mit Achtung behandeln, wird das diese Organe kräftigen. Fragen Sie Ihre Gebärmutter oder Ihre Eierstöcke, was sie sich von Ihnen wünschen. Planen Sie die Menopause gemeinsam als eine einfach zu bestehende Übergangszeit – angenehm für Ihre Organe und emotional angenehm. Die Liebe heilt, und wenn Sie Ihren Körper lieben, fördert das Ihr Wohlbefinden.

Kosmetische Chirurgie:
Es aus den richtigen Gründen tun

An kosmetischer Chirurgie ist nichts auszusetzen, solange sie aus vernünftigen Gründen angewandt wird. Wir müssen uns sehr genau darüber im klaren sein, daß sich durch kosmetische Chirurgie keine emotionalen Probleme heilen lassen. Sie kann keinen

Selbsthaß auflösen und keine Ehe retten. Viel zu oft unterziehen sich Frauen kosmetischen Operationen aus dem Gefühl heraus, nicht gut genug zu sein. Doch dieses Gefühl wird durch eine Operation nicht verschwinden. Negative Glaubenssätze lassen sich nicht wegoperieren. Wenn man sich die Werbung für kosmetische Chirurgie anschaut, wird deutlich, daß dieses Gewerbe vom mangelnden Selbstwertgefühl der Frauen lebt.

Ich habe erlebt, daß Frauen, die von Selbsthaß erfüllt waren, sich kosmetischen Operationen unterzogen, weil sie glaubten, dadurch schön zu werden. In Folge ihres Abscheus sich selbst gegenüber vertrauten sie sich prompt dem falschen Chirurgen an, und jetzt sehen sie schlimmer aus als vor der Operation. Ich erinnere mich an eine sehr hübsche junge Frau, die über keinerlei Selbstwertgefühl, keine Selbstliebe verfügte. Sie glaubte, alles würde schon in Ordnung kommen, wenn sie nur eine andere Nase hätte. Aus den falschen Gründen beharrte sie auf der Operation, und jetzt hat sie eine Nase, die wie bei einem Schwein aussieht. Ihr Problem hatte nicht das geringste mit ihrer Nase zu tun.

Sie können Ihr Selbstwertgefühl nicht durch eine kosmetische Operation aufbessern. Das ist unmöglich. Vielleicht fühlen Sie sich vorübergehend besser. Doch schon bald werden die alten Wertlosigkeitsgefühle wieder auftauchen, und dann werden Sie denken: Nun, vielleicht wenn ich dieses Fältchen dort noch entfernen lasse ... und so geht es endlos weiter. Gestern erzählte mir jemand, daß es jetzt schon Ellenbogenoperationen gibt, die Abhilfe versprechen, wenn die Haut Ihrer Ellenbogen durch das Alter schlaff wird. Da sagte ich mir: »Du meine Güte!

Wo soll das noch hinführen? Wäre es nicht viel einfacher, Kleidung mit etwas längeren Ärmeln zu tragen?« Doch die Medien haben uns diese Art zu denken eingeimpft. Schenkt man den Botschaften der Werbung Glauben, müssen wir alle perfekte kleine magersüchtige Teenager sein, ohne Falten und ohne Fleisch. Dennoch sollten wir nicht allein den Firmen die Schuld geben, die diese Werbung in Auftrag geben. *Wir* sind es, die ihre Produkte kaufen. Wenn Frauen mehr Selbstachtung und Selbstliebe entwickeln, werden sie sich nicht mehr um das scheren, was in den Zeitschriften steht, und die Werbung wird sich verändern.

Lassen Sie es nicht zu, daß Ärzte mit Ihrem Körper herumexperimentieren. Wenn wir den Körper mit unnatürlichen Methoden dazu zwingen, etwas zu tun oder zu haben, das er eigentlich nicht will, fordern wir damit Probleme geradezu heraus. Spielen Sie nicht mit Mutter Natur herum. Schauen Sie sich an, welche Schwierigkeiten viele Frauen mit ihren Brustimplantaten haben. Wenn Ihre Brüste klein sind, sollten Sie sich an ihnen erfreuen. Den eigenen Brüsten gedanklich Liebe zu senden hat, kombiniert mit positiven Affirmationen, bei einigen Frauen zu einer meßbaren Vergrößerung des Busens geführt. So geben sie Ihrem Körper Liebe, und es tut ihm ungeheuer gut, geliebt zu werden. Außerdem glaube ich, daß wir genau den Körper haben, den wir uns vor unserer Inkarnation bewußt aussuchten. Seien Sie glücklich damit, was Sie sind. Ändern Sie vor allem Ihren Körper nicht, um andere Menschen zufriedenzustellen. Wenn andere Sie nicht so lieben, wie Sie sind, werden sie Sie auch dann nicht stärker lieben, wenn Sie ihnen Ihren Körper opfern.

Wenn Sie sich also dafür entscheiden, sich chirurgisch ein wenig liften und straffen zu lassen, sollten Sie sich sehr genau bewußt sein, *warum* Sie das tun. Schenken Sie Ihrem Körper vor, während und nach dem Eingriff sehr viel Liebe. Ich würde Affirmationen wie die folgende benutzen:

Ich habe einen liebevollen Chirurgen, der eine wundervolle Arbeit leistet. Der Eingriff vollzieht sich rasch und mühelos, und alles läuft perfekt. Der Arzt ist erfreut, wie schnell meine Haut hinterher verheilt. Ich bin mit den Ergebnissen sehr zufrieden. Alles ist gut, und ich bin sicher und geborgen.

Brustkrebs: Was bedeutet er?

Es gibt ein immer wiederkehrendes Muster, das mir bei nahezu allen Frauen aufgefallen ist, die an Brustkrebs erkranken. Diese Frauen sind auf extreme Weise unfähig, nein zu sagen. Die Brüste repräsentieren das Genährtwerden, und Menschen mit Brustkrebs scheinen jeden in ihrer Umgebung zu nähren, nur nicht sich selbst. Sie finden es sehr schwierig, nein zu sagen. Oft wurden sie von Eltern erzogen, die sich ihre Kinder durch das Wecken von Schuldgefühlen und andere Manipulationen gefügig machten. Nun bemühen sich diese Frauen, es allen recht zu machen, und sind durch die Wünsche und Ansprüche ihrer Umgebung einer ständigen Überforderung ausgesetzt. Sie opfern sich für andere auf und sagen ja zu Ansprüchen, die sie innerlich eigentlich gar nicht erfüllen wollen. Sie geben und geben, bis für sie selbst keine Nahrung mehr übrig ist.

Das Neinsagen zu erlernen kann am Anfang sehr schwer sein, weil die Menschen in Ihrer Umgebung daran gewöhnt sind, daß Sie zu allem ja sagen. Wenn Sie dann zum erstenmal nein sagen, werden sie wütend. Mit einer solchen Reaktion müssen Sie rechnen. Jeder Mensch, der lernt nein zu sagen, muß für eine Weile den Ärger der anderen in Kauf nehmen. Das erste Nein ist das schwerste. Wenn Sie lernen, nein zu sagen, ist es sehr wichtig, daß Sie nicht zu Entschuldigungen Ausflucht nehmen, denn dann nutzen die anderen sofort diese Gelegenheit, um Ihnen die von Ihnen vorgebrachten Entschuldigungsgründe auszureden. Sagen Sie einfach nein. »Nein, ich kann das nicht tun.« »Nie wieder.« »Nein, ich tue das nicht mehr.« Ein kurzer Satz, in dem das »Nein« klar und deutlich zum Ausdruck gebracht wird, ist am wirkungsvollsten. Natürlich wird die andere Person dann verärgert sein. Aber Sie müssen sich bewußtmachen, daß dieser Ärger nichts mit *Ihnen* zu tun hat. Er hat ausschließlich etwas mit der betreffenden Person selbst zu tun. Sagen Sie sich immer wieder: WENN ICH ZU DIR NEIN SAGE, SAGE ICH JA ZU MIR. Wiederholen Sie diese wirkungsvolle Affirmation häufig, dann werden Sie sich gut fühlen. Wenn Sie zu der anderen Person dreimal nein gesagt haben, wird sie damit aufhören, Sie mit ihrem Problem zu behelligen, weil sie erkannt hat, daß Sie ein anderer Mensch geworden sind. Sie haben nun eine ganz neue innere Haltung eingenommen.

Für Menschen, die bislang ständig versucht haben, es allen recht zu machen, kann das erste Nein eine ziemliche Herausforderung darstellen. Ich weiß noch, wie sehr ich schwitzte, als ich zum erstenmal meinen eigenen Willen behauptete. Ich glaubte, die Welt ginge unter. Aber das traf natürlich nicht ein; die Welt ging nicht unter, sondern veränderte sich, und ich besaß von da an mehr Selbstachtung. Machen Sie sich also klar, daß es einfach ein Prozeß ist, durch den Sie hindurchmüssen. Die anderen werden wütend, weil Sie nun nicht mehr geben wollen, oder besser gesagt, nicht mehr im Übermaß geben wollen. Möglicherweise werden sie Ihnen sogar Selbstsucht vorwerfen. Aber in Wahrheit wollen sie damit sagen, daß Sie nicht länger das tun, was *sie* wollen. Mehr bedeutet es nicht. Denken Sie immer daran, daß Sie ja zu sich selbst sagen, wenn Sie zu anderen nein sagen. Damit überwinden Sie gleichzeitig Ihre inneren Grollgefühle.

Ich kenne eine Frau, die sich gerade für eine gewisse Zeit von ihrem Mann getrennt hat; noch hat sie nicht endgültig entschieden, ob sie die Trennung aufrechterhalten will. Ihr Mann hat nun niemanden mehr, den er für die Dinge verantwortlich machen kann, die in seinem Leben schiefgehen. Es kann nicht die Schuld seiner Frau sein – sie ist ja nicht da. Er muß nun lernen, das Leben auf neue Weise zu betrachten. Ihre beiden erwachsenen Söhne respektieren sie jetzt, weil sie endlich einmal an sich denkt und tut, was sie für richtig hält. Es ist sehr interessant, zu beobachten, wie die ganze Familie sich dadurch verändert. Es ist ihr schwergefallen, sich zu diesem Schritt durchzuringen, aber dann hat sie es doch getan, und ihr ganzes Leben hat dadurch eine neue Wendung genommen. Für jede Frau kommt die Zeit, wo sie sich fragen muß: »Was ist das Beste für *mich*?« Diese Frage hat sie sich vorher vielleicht nie gestellt. Ann Landers rät Frauen, die über eine Trennung oder Scheidung nachdenken, sich zu fragen: »Geht es mir besser, wenn ich gehe, oder wenn ich bleibe?«

Achten Sie auf Ihr Herz

Während vier Prozent der Frauen dem Brustkrebs zum Opfer fallen, sterben 36 Prozent an einer Herzerkrankung. Wir hören viel über die Gefahren des Brustkrebses, aber nur wenig über das Risiko einer Herzkrankheit bei Frauen. Und doch ist die Erkrankung des Herzens bei ihnen eine der häufigsten Todesursachen. Auch ist die Wahrscheinlichkeit, an den möglichen Komplikationen einer Bypass-Operation zu sterben, bei Frauen höher als bei Männern.

Es ist sehr wichtig für uns Frauen, daß wir gut für unser Herz sorgen. Eine fettreiche Ernährung tut keinem Menschen sonderlich gut. Auf der körperlichen Ebene tragen fettreiche Ernährung, Bewegungsmangel und Rauchen zu Koronarerkrankungen des Herzens bei. Aber gegen alle diese Dinge können wir etwas tun. Unser Herz attackiert niemals uns; wir attackieren unser Herz.

Auf der emotionalen Ebene repräsentieren das Herz und das Blut, das es pumpt, Liebe und Freude und unseren frühen Kontakt zu unserer Familie. Frauen mit Herzproblemen leiden in der Regel unter ungelösten familiären Konflikten, die ihrem Leben Freude und Liebe rauben. Vielleicht fürchten sie sich davor, sich für die Liebe zu öffnen. Unser Herz vor der Liebe zu verschließen bedeutet auf einer symbolischen Ebene nichts anderes, als daß wir unserem Herzen die Zufuhr der Lebensenergie abschneiden.

Die emotionalen Ursachen für sehr viele Krankheiten lassen sich immer wieder auf die Frage der Vergebung zurückführen. Die spirituelle Lektion der Vergebung ist für uns alle schwer zu lernen. Doch nur durch sie wird wahre Heilung möglich. Wir alle erleben Verrat oder Verlust in irgendeiner Form. Zum spirituellen Reifungsprozeß gehört es dazu, daß wir mit negativen Erfahrungen ins reine kommen und den daran Beteiligten vergeben. Die Vergangenheit ist vorbei und läßt sich nicht mehr ändern. Wenn wir lernen, das Vergangene loszulassen, sind wir frei, ganz im Jetzt zu leben. Solange wir an die Vergangenheit gebunden sind und nicht vergeben wollen, können wir nicht glücklich, gesund, erfüllt und frei sein. Vergebung, Selbstliebe und das Leben im Hier und Jetzt sind für uns alle die größten spirituellen Lernaufgaben. Dadurch wird unser Herz geheilt.

Setzen Sie sich einmal am Tag ruhig hin und legen Sie dabei die Hände auf Ihr Herz. Senden Sie ihm Liebe, und spüren Sie die Liebe, die Ihr Herz Ihnen schenkt. Es schlug schon für Sie, noch bevor Sie geboren wurden, und wird für Sie unermüdlich tätig sein, bis Sie sich dafür entscheiden, diese Welt zu verlassen. Blicken Sie in Ihr Herz und prüfen Sie, ob sich dort Bitterkeit oder Grollgefühle festgesetzt haben. Spülen Sie diese Gefühle sanft fort, indem Sie Vergebung und Verständnis praktizieren. Wenn Sie versuchen, alles aus einer größeren Perspektive zu sehen, erkennen Sie die Lektion, die vermeintlich negative Erfahrungen für Sie bereithalten. Senden Sie allen Mitgliedern Ihrer Familie Liebe und vergeben Sie ihnen. Spüren Sie, wie Ihr Herz sich entspannt und von Frieden erfüllt wird. Ihr Herz ist Liebe, und das Blut in Ihren Adern ist Freude. Ihr Herz pumpt nun liebevoll Freude durch Ihren Körper. Alles ist gut, und Sie sind sicher und geborgen.

7. KAPITEL

Gedanken zur Sexualität

Ich möchte kurz auf einige meiner Vorstellungen zum Thema Sexualität eingehen, auch wenn sie vielleicht unpopulär sind, und auf einige Veränderungen, die sich gegenwärtig vollziehen. Auch auf diesem Gebiet erscheint mir ein Wandel unseres Denkens angebracht. Als Gesellschaft hegen wir viel zu viele abfällige, verurteilende Glaubenssätze über unsere Sexualität. Vergessen Sie nicht: Wie immer Ihre sexuelle Orientierung sein mag, für Sie ist sie genau richtig. Wenn wir über Liebesbeziehungen sprechen, dann betrifft das uns alle, ganz gleich, ob wir heterosexuell oder homosexuell veranlagt sind. Sogar die Wissenschaft erkennt heute an, daß unsere sexuelle Orientierung angeboren ist und wir sie uns nicht aussuchen können. Stellen Sie sich einmal vor, wie Sie sich fühlen würden, wenn Sie heterosexuell sind und plötzlich gesagt bekämen, Sie sollten von nun an als Lesbierin leben. Das wäre nahezu unmöglich. Ebenso ist es, wenn man von einer Lesbierin fordert, heterosexuell zu werden. Ich denke, daß wir uns bei unseren lesbischen Schwestern dafür entschuldigen müssen, auf welch erschreckende Weise sie in der Vergangenheit an den Pranger gestellt wurden. Das war Diskriminierung in ihrer schlimmsten Form. Wir sollten weder uns selbst noch andere wegen etwas so Einfachem und Natürlichem wie unserer Sexualität verurteilen. Dieses soziale Vorurteil hält uns davon ab, das Leben aus einer größeren, offeneren Perspektive zu sehen. Lieben Sie sich so, wie Sie sind. Gott macht keine Fehler.

Viele ältere Frauen, die in der Vergangenheit nie auf einen solchen Gedanken gekommen wären, beginnen heute damit, eine lesbische Lebensweise auszuprobieren und gehen intime Beziehungen zu anderen Frauen ein. Da es in dieser Altersgruppe einen deutlichen Männermangel gibt, erscheint mir das außerordentlich sinnvoll. Warum sollten wir allein bleiben, wenn Liebe auf uns wartet? Die Intimität mit einer anderen Frau kann uns eine emotionale Tiefe erschließen, die viele von uns nie zuvor erfahren haben. In einer gleichgeschlechtlichen Beziehung können Frauen zueinander viel liebevoller und fürsorglicher sein, als Männer es sich je gestatten würden. Auch zeigen andere Frauen viel mehr Verständnis für die körperlichen Veränderungen, die das Alter für uns mit sich bringt.

Viele von Ihnen wissen vermutlich gar nicht, daß im viktorianischen Zeitalter die völlig getrennten Lebenswelten von Männern und Frauen (in der Geschäftswelt, der Politik, der Kindererziehung usw.) die Beziehungen zwischen beiden Geschlechtern sehr steif und gezwungen machten. Daher war es ganz normal, daß Frauen ihre intimsten Beziehungen zu anderen Frauen pflegten. Im Tagebuch einer Frau in jener Zeit konnten sich seitenlange Eintragungen über eine Freundin finden, und dann nur ein kurzer, lapidarer Satz: »Gestern nahm ich den Heiratsantrag von Mr. S. an.« Auch unter jungen Männern der Mittelschicht waren romantische Freundschaften üblich. Niemand betrachtete solche Beziehungen als Zeichen von Homosexualität. Tatsächlich wurde dieser Begriff erst gegen Ende des 19. Jahrhunderts erfunden. Damals stand auch die Prostitution in großer Blüte: In New York gab es für jeweils 64 Männer eine Prostituierte, und in Savannah, Georgia, lag das Verhältnis sogar bei 39 zu 1.

Meine Auffassung lautet: Liebe ist dort, wo wir sie finden. Die Moden der Liebe ändern sich von Land zu Land und von Jahrhundert zu Jahrhundert. Gegenwärtig haben wir gewisse sogenannte Normen, aber auch sie werden sich mit der Zeit ändern. Machen Sie sich bewußt, daß uns in der Sexualität verschiedene Möglichkeiten offenstehen, wenn wir das wünschen. Solange wir aus einem liebenden Herzen heraus handeln und stets nur das Beste für alle Beteiligten wünschen, steht es uns frei, unsere eigenen Entscheidungen zu treffen. Manche von uns werden sich sogar dafür entscheiden, völlig ohne Sex zu leben, und auch das ist okay. Lösen wir uns von allen Vorurteilen und freuen wir uns an der Liebe, wie immer sie sich ausdrücken mag. Wenn wir Liebe geben und empfangen, nähren wir damit unsere Seele und strahlen gute Energie aus.

8. KAPITEL

Sexuelle Belästigung und der Mut, offen darüber zu sprechen

Wie oft sind Sie schon herabgewürdigt oder sexuell belästigt worden und haben *nichts* gesagt? Wie viele Male haben Sie sich selbst die Schuld gegeben, wenn ein Mann sich danebenbenahm. »Oh, vielleicht war es mein Fehler. Oder ich habe es mir nur eingebildet. Nun ja, so sind die Männer eben. Und so schlimm war es gar nicht. Ich habe schon ganz anderes erlebt.«

Unter den Frauen, die dieses Buch lesen, ist keine, die noch nie verbal belästigt wurde; oder von jemandem, dem das in keiner Weise zustand, betatscht, gekniffen oder gestreichelt wurde. Und doch halten die meisten von uns still; wir sagen nichts. Es ist an der Zeit, daß wir lernen, offen über diese Dinge zu sprechen und sie uns nicht länger gefallen zu lassen. Wenn wir das nicht tun, gibt es keine Chance, diesen Unsinn zu stoppen.

Kürzlich ereignete sich bei mir zu Hause ein Vorfall, der ein Ehepaar betraf, das für mich arbeitete – ein liebenswürdiges englisches Paar, das sich fast vier Jahre lang sehr gut um mich, mein Haus und meine Tiere kümmerte. Alles begann sehr gut, doch nach einiger Zeit gab es kleine Zwischenfälle, die vor allem ihn betrafen. Es waren sehr kleine, scheinbar unwichtige Dinge, und zunächst kümmerte ich mich nicht weiter darum. Das erwies sich als großer Feh-

97

ler. Dieser Mann wurde zusehends faul und ließ seine Frau zwei Drittel der Arbeit tun. Er begann zu vergessen, daß ich sein Arbeitgeber war, und tat, als gehöre das Haus ihm. Er benahm sich zu vertrauensselig – als gehörte er zu meinen nahen Freunden. Das alles steigerte sich ganz allmählich, bis sein Verhalten schließlich wirklich unangemessen wurde. Heute ist mir klar, daß ich diese Zeichen nicht richtig gedeutet habe und ihn nicht angemessen in seine Schranken wies. Ich achtete nicht genügend auf jene kleinen Gefühle, die einem zeigen, das etwas nicht stimmt. Ich fing an, auf Zehenspitzen herumzulaufen, um *ihn* nicht zu stören – um *ihn* bei guter Laune zu halten.

Am Tag nach der Feier zu meinem siebzigsten Geburtstag, die wunderschön verlaufen war, entdeckte ich, daß dieser Mann viele meiner Freundinnen anfaßte und belästigte. Als ich mit einigen von ihnen darüber sprach, stellte sich heraus, daß sich solche Dinge schon seit über einem Jahr bei verschiedenen Anlässen abgespielt hatten. *Aber niemand hatte mir etwas davon gesagt.* Als der Schleier endlich gelüftet war, trat Erschreckendes zutage. Er hatte mehrere meiner weiblichen Angestellten geschlagen und sexuell belästigt. Meine persönliche Sekretärin war während meiner Abwesenheit in meinem eigenen Haus von ihm belästigt worden. Ich war entsetzt. Das alles geschah Louise Hays Freundinnen und Angestellten! Aber warum hatten sie es mir nicht erzählt? Sie hatten Angst; sie schämten sich – es gab unterschiedliche Gründe. Vermutlich kennen Sie einige dieser Gründe selbst, weil Sie sie auch schon vorgeschoben haben. Ich mußte an die vielen Gelegenheiten in meiner Vergangenheit denken, wo ich mit unterschiedlichen Formen sexueller Belästigung und Gewalt konfrontiert gewesen war, und wie ich dann selbst meist nur den Wunsch gehabt hatte, der Situation zu entkommen und nicht mehr daran erinnert zu werden. Wie oft hatte ich denn selbst wirklich den Mut gehabt, mich zu wehren und das Schweigen zu brechen?

Auch fand ich heraus, daß dieser Mann seine Frau mißhandelte und daß sie oft Beulen und Prellungen von seinen Schlägen hatte. Sieh nur, wie sehr wir unser Leid verstecken, dachte ich mir; wie wir Männer, die uns demütigen und uns Gewalt antun, immer wieder ungeschoren davonkommen lassen. Unsere Angst treibt uns dazu, uns in allen Lebensbereichen zu fügen und unterzuordnen. Mein Herz wurde schwer, als ich von all diesen Dingen erfuhr. Und womöglich handelte es sich nur um die Spitze des Eisbergs.

Sogar eine sehr enge Freundin, die sonst sehr viel mit mir teilt – und sich selbst als eine hellwache Frau mit einer hohen Selbstachtung betrachtet – wagte nicht, über diese Sache zu sprechen. Angesichts einer offensichtlichen sexuellen Belästigung bestand ihre erste Reaktion darin, zu schweigen und keinen Staub aufzuwirbeln.

Nachdem ich zuvor schon das Gefühl gehabt hatte, daß in meinem Haus etwas nicht stimmte, gab es nun einen konkreten Grund zum Handeln, denn dieser Mann war eindeutig zu weit gegangen. Ich rief ein paar Leute zu meiner Unterstützung zusammen, denn ich wagte nicht, ihm und seiner Frau allein gegenüberzutreten. Doch selbst dann noch hätte ich leicht von der überzeugenden Art und Weise getäuscht werden können, mit der er alles abstritt. Aber ich wußte, daß meine Informationen absolut vertrauenswürdig waren. Als er merkte, daß ich ihm seine Geschichte nicht abkaufte, wurde er boshaft und unverschämt. Doch da waren nicht nur die Leute, die ich als Beistand geholt hatte, sondern auch das Telefon in meiner Hand, mit dem ich rasch die Polizei hätte rufen können. Ich sagte ihm, daß er bis zum nächsten Morgen mein Haus und Grundstück zu verlassen hätte. Meine Hände waren schweißnaß, mein Magen krampfte sich zusammen – trotzdem spürte ich ein Gefühl der Stärke. Es war nicht leicht für mich, gegenüber einem wütenden Mann von einem Meter fünfundneunzig standhaft zu bleiben. Für seine Frau empfand ich großes Mitgefühl, aber ich wußte auch, daß sie sein Verhalten duldete. Die für sie einzige Möglichkeit, seine ständige Schürzenjägerei zu verkraften, bestand darin, daß sie diesen Umstand entweder völlig leugnete oder den anderen Frauen die Schuld gab. Auf diese Weise standen sie beide als unschuldig und zu Unrecht verleumdet da. Innerhalb von dreieinhalb Stunden hatten sie gepackt und mein Haus verlassen.

Am nächsten Tag rief mich meine Freundin an und erzählte mir, daß sie sich schon gefragt hatte: »Kann es sein, daß ich mir seine Zudringlichkeit nur eingebildet habe? Könnte es ein Mißverständnis gewesen sein? Wird es ihn seinen Job kosten, wenn ich mit Louise darüber rede?« Wir Frauen neigen sehr dazu, Männern solche Dinge einfach durchgehen zu lassen, nicht wahr? Wer sind wir schon – wir »kleinen« Mädchen – daß wir es überhaupt wagen, den Mund aufzumachen. Gut möglich, daß wir es uns wirklich nur eingebildet haben. Sehr leicht sind wir bereit, einem Mann zu glauben, der alles abstreitet. Es hat ein Übergriff auf unsere Menschenwürde und unseren Körper stattgefunden, und doch sind wir es, deren Wort angezweifelt wird. Die alten Tonbänder in unserer Psyche verleiten uns dazu, weiterhin die persönliche Macht der Frauen zu schwächen. In diesem Bereich gibt es so viel Leugnung und Verdrängung. Seit ewigen Zeiten wurde unser Verhalten von Furcht bestimmt. In früheren Generationen blieb uns oft nichts anderes übrig, als Übergriffe durch Männer angstvoll zu dulden, denn es hätte uns das Leben gekostet, wenn wir gewagt hätten, dagegen aufzubegehren. Und in manchen Ländern besteht diese Gefahr heute noch: Die Regierung von Afghanistan hat unlängst ein Gesetz wieder eingeführt, wonach Ehebruch durch Steinigung bestraft wird, wobei natürlich die Frau gesteinigt wird – niemals der Mann.

Als ich klar erkannte, was sich in meinem Haus abgespielt hatte, ergriff ich sofort die nötigen Maßnahmen, um die Sache zu beenden. Auch rief ich sofort eine gute Therapeutin an und ließ mir einen Termin geben. Obgleich ich bereits früher viele Therapiestunden absolviert hatte, war ich mir bewußt, daß es in mir offenbar immer noch etwas gab, das Männer anzog, die sich auf eine solche Weise benahmen – zwar nicht mir gegenüber, aber doch gegenüber anderen Frauen in meinem Haushalt. Ich bin bereit, alles Erforderliche zu tun, um auch die letzten Reste dieses alten Musters in mir zu klären.

Meine Therapeutin fragte mich, ob ich als Kind je auf meinen mich prügelnden Stiefvater wütend gewesen wäre. »An Wut kann ich mich nicht erinnern«, sagte ich, »nur an Angst.«

Sie fragte: »Gab es denn nie einen Moment, wo Sie wütend wurden und gegen ihn aufbegehrten?« Sofort wußte ich, daß sie als Kind nie mißhandelt worden war. Ich wurde damals täglich geschlagen, obwohl ich das bravste Kind gewesen war, daß man sich vorstellen konnte; was wäre wohl erst passiert, wenn ich es gewagt hätte, Widerworte zu äußern? Nein, ich erinnere mich nicht an Wut; ich erinnere mich nur an Angst und Entsetzen.

Wenn wir oft genug durch Prügel gefügig gemacht werden, verlieren wir jede Hoffnung, jemals etwas an unserer Situation ändern zu können. Dann wachsen wir zu Frauen heran, die immer noch von den Reaktionen des kleinen Mädchens in uns beherrscht werden. Daß sich an kleinen Mädchen vergangen wird, kann in den besten Familien geschehen und ist ziemlich weit verbreitet. Wir müssen Mädchen schon, wenn sie noch sehr jung sind – in der Grundschule oder noch davor –, beibringen, daß sie *darüber sprechen* sollen, wenn sie jemand mißhandelt. Wenn diese Welt zu einem sicheren Ort für Frauen werden soll, müssen wir unsere Reaktionen auf solches unakzeptable Verhalten verändern, auch wenn uns das große Überwindung kostet. Diesen Mann hinauszuwerfen war mein Weg, endlich gegen meinen Stiefvater aufzubegehren – etwas, das ich als Kind nie hätte tun können.

In meiner Firma habe ich so viel Harmonie erzeugt. Alle sagen, wie angenehm es ist, mit Hay House zusammenzuarbeiten. Ich habe glückliche Angestellte. Ein ehemaliger Gewerkschaftssekretär sagte mir kürzlich, er habe noch nirgendwo so zufriedene Versandhandelsmitarbeiter gesehen. Und doch ließ ich es in meinem eigenen Haus zu, daß sich eine Situation entwickelte, in der Frauen Belästigungen durch einen Mann ausgesetzt waren, weil ich die entsprechenden Warnsignale nicht beachtete und, warum auch immer, keinen Wirbel verursachen wollte.

In gewisser Weise ist es ein Segen, daß dieser Vorfall sich ereignete, denn von nun an werde ich in dieser Sache für alle Frauen sprechen, und *zu* allen Frauen. Ich werde meine Stimme erheben, denn wenn ich es selbst nicht tue, wie kann ich es dann von anderen Frauen erwarten? Wir betrachten Männer als Autoritätsfiguren und sehen uns selbst als Opfer. So wurden wir erzogen – in dem Bewußtsein, wir könnten niemals gewinnen, und darum sei jeder Versuch zwecklos. Es gibt so viele hinterhältige Methoden, Frauen herabzusetzen, zu demütigen und ihnen Gewalt anzutun. Wir haben für unsere Selbstachtung gekämpft, und doch finden wir es immer noch schwer oder sogar ganz unmöglich, offen über Unrecht zu sprechen, das man uns zufügt. Weil die Erziehung zur Unterwürfigkeit immer so stark gewesen ist, müssen wir heute lernen, auch gegenüber der kleinsten Verletzung unserer Persönlichkeitssphäre wachsam zu sein. Man hat uns dazu erzogen, dem Mann seine Lasten zu erleichtern oder sie ihm ganz abzunehmen – erst unseren Vätern, dann unseren Freunden, Chefs und Ehemännern. Wir tun das schon so lange, daß wir es für völlig normal halten. Wir müssen lernen, Grenzen zu ziehen. Die Angst, gedemütigt oder mißhandelt zu werden, läßt uns stillhalten und schweigen. Wieviele Frauen leben in einer häuslichen Schlachtfeld-Atmosphäre, und wieviele Kinder müssen in einer solchen Umgebung aufwachsen? Wie können wir Frauen dem ein

Ende machen? Indem wir das Bewußtsein entwickeln, dazu in der Lage zu sein. Indem wir nicht länger schweigen. Frauen haben diese Dinge zugelassen, und es ist an den Frauen, dagegen einzuschreiten. Ohne die stillschweigende oder offene Billigung durch Frauen hätten diese Dinge nicht so lange geschehen können. Wir dürfen das nicht länger hinnehmen.

Wenn wir bereit sind, ganz bewußt nein zu sagen, können wir uns das wirklich zur festen Gewohnheit machen. Damit können wir die ganze Situation der Gewalt und des sexuellen Mißbrauchs verändern. Wenn wir schweigen, schaden wir damit uns selbst und der Gesellschaft insgesamt. Seit der Geburt der Frauenbewegung sind inzwischen fünfundzwanzig Jahre vergangen, und doch ist dieses Verhalten – Frauen verbal zu erniedrigen und sie sexuell zu belästigen – immer noch erschreckend verbreitet. In den meisten Behörden und Firmen scheint es nach wie vor an der Tagesordnung zu sein. Wir sollten nicht länger zulassen, daß wir von uns selbst oder den Menschen in unserer Umgebung gedemütigt und mißhandelt werden. Sagen wir die Wahrheit; erzählen wir alle Geheimnisse. Wir können diese Dinge nur stoppen, wenn wir offen über sie sprechen. Wenn die Männer nicht länger ungeschoren davonkommen, werden sie aufhören, sich derartig zu verhalten. Machen Sie sich nicht zur Komplizin von Männern, die Frauen demütigen – damit würdigen Sie sich selbst und *alle* Frauen herab. Heute müssen wir Mißbrauch in jeder Form nicht länger akzeptieren, wenn wir nur laut genug dagegen unsere Stimme erheben. Jede Frau, die ihr Schweigen bricht, erleichtert es damit auch anderen, die Wahrheit zu sagen.

Wir müssen lernen, angemessene Grenzen zum Schutz unserer eigenen Person zu ziehen. Welche Grenzen sind das, die Frauen ziehen sollten, um sicherzustellen, daß ihre Würde respektiert wird? Erstens müssen wir uns bewußtmachen, *daß* uns diese Grenzen zustehen. Oft übersehen wir Gefahrenzeichen, Hinweise, daß etwas nicht in Ordnung ist. Dann treffen uns ernste Übergriffe ganz unvorbereitet. Beim Mißbrauch geht es immer um das Ausüben von Macht. Wir sollen beherrscht und manipuliert werden. Wir schweigen, weil wir um unseren Arbeitsplatz fürchten; wir fürchten die Auswirkungen, die auf uns zukommen könnten, wenn wir uns wehren. Wir schweigen sogar, wenn ein Mann mit uns schlafen will, ohne ein Kondom zu benutzen. Wir *wollen* uns dagegen wehren und ausrufen: »Ich achte mich selbst und ich lasse nicht zu, daß du mich in Gefahr bringst. Nimm ein Kondom oder verschwinde!« Aber tun wir es? Nicht oft genug – aus Furcht, Verlegenheit und Scham.

Wenn wir schweigen wie die Lämmer, werden wir zur Schlachtbank geführt. Wir sind zu verlegen, um den Mund aufzumachen. Wir erinnern uns genau, wie die Reaktionen aussahen, wenn wir es doch einmal wagten, aufzubegehren. Sie haben uns ausgelacht; sie glaubten, wir machen Witze. Sie hörten überhaupt nicht zu oder gaben uns das Gefühl, *wir* seien diejenigen, die Schwierigkeiten machen. So wird es zur Regel, daß wir unser Leid für uns behalten und nichts sagen. Um jeden Preis Frieden halten; nur ja keinen Staub aufwirbeln. Dadurch gestatten wir, daß der Mißbrauch sich immer weiter fortsetzt.

Wir Frauen müssen jene Hälfte der Macht, die uns zusteht, auch wirklich beanspruchen. Gewalt und sexueller Mißbrauch – das sind die beiden Bereiche, wo Frauen am verletzlichsten sind. Wir müssen lernen, allen diesbezüglichen Vorfällen sehr kühl und sachlich zu begegnen – nicht verletzlich, sondern sehr nüchtern und geschäftsmäßig reagieren. Wir brauchen nicht zu wütenden Furien zu werden, die jeden Mann anschreien. Aber wir können sehr wohl zugleich liebevolle, mitfühlende Frauen sein und trotzdem mit eiserner Festigkeit reagieren, wenn jemand unsere Rechte verletzt.

Wir müssen genug Selbstachtung aufbauen, um auch wirklich *nein* zu sagen. Wir müssen unsere Augen öffnen und unsere Intuition schärfen, um die ersten schleichenden Anzeichen männlichen Fehlverhaltens zu bemerken. Erzählen Sie die Geschichte von Anfang an. Sagen Sie den Männern genau, wie auch schon ganz bestimmte kleinere Übergriffe Ihre Würde verletzt haben. Weigern Sie sich, schlechtes Benehmen der Männer zu tolerieren. Bitten Sie um Hilfe. Lassen Sie sich nichts gefallen. Männer merken, was Sie ihnen gerade noch durchgehen lassen, und dann gehen sie nach und nach immer ein kleines Stückchen weiter – oder plötzlich ein großes Stück. Wir müssen Mißbrauchsverhalten bereits in seinen Anfängen stoppen, wenn es noch so geringfügig ist, daß es uns schwerfällt, überhaupt etwas zu sagen. Was sind die ersten Anzeichen dafür, daß ein Mann sich Ihnen gegenüber mißbräuchlich verhält? Achten Sie genau darauf, und sagen Sie es ihm dann sehr deutlich. Seien Sie darauf vorbereitet, daß er alles abstreitet. Männer benutzen diese Taktik schon sehr lange. »Was, ich? Das würde ich niemals tun! So etwas habe ich in meinem ganzen Leben noch nie getan!« Manche Männer sind so schnell, so gewandt, so geübt, so professionell. Wenn wir ihre Ausflüchte akzeptieren, dann machen wir uns damit zu Komplizinnen dieser Männer. Damit, daß wir das Schweigen unterstützen, machen wir uns selbst zum Teil der zerstörerischen Kräfte in unserer Gesellschaft. Wir sollten uns also wirklich überlegen, was wir vor anderen geheimhalten. Frauen sind auf Zehenspitzen herumgeschlichen, haben dem gewalttätigen Mann alles so angenehm wie möglich gemacht, für seine Bedürfnisse gesorgt. Es ist an der Zeit, daß wir uns um *unsere eigenen* Bedürfnisse kümmern.

Ich weiß nicht auf alles eine Antwort, aber ich habe einen großen Mund. Ich werde zu diesem Thema meine Meinung sagen, wann immer ich öffentlich spreche. Überall werde ich die Frauen dazu ermutigen, sich über ihre Rechte zu informieren, die Stimme zu erheben, aufzustehen und Unruhestifterinnen zu sein, wenn das nötig ist. Gemeinsam können wir dieses Problem innerhalb einer Generation heilen. Wir können unsere Töchter vor dem bewahren, was wir selbst durchmachen mußten.

Wir müssen endlich damit anfangen, überall Kurse abzuhalten, in denen Frauen lernen, sich selbst zu achten. Wir müssen uns vorbereiten, damit wir wissen, wie wir uns verhalten sollen, wenn Männer unsere Persönlichkeitssphäre verletzen oder zu verletzen drohen. Es muß so ähnlich sein wie eine Brandschutzübung – dem Zweck dienen, stets vorbereitet zu sein und zu wissen, was zu tun ist. Entscheidend wichtig ist es, Selbstachtung und Selbstliebe zu entwickeln, denn sonst glauben wir nicht, daß wir es wert sind, von anderen geachtet und beschützt zu werden.

Lernen wir, einen energetischen Kraftschild aufzubauen – eine Energiebarriere, die uns ein Gefühl des Schutzes verleiht. Das können wir erreichen, indem wir visualisieren, daß wir allen Situationen gewachsen und stets stark und selbstsicher sind – zu Hause, bei der Arbeit, bei gesellschaftlichen Anlässen – überall. Betrachten Sie jene Lebensbereiche genauer, in denen Sie sich selbst nicht achten und glauben, keine persönliche Macht zu besitzen. Geben Sie sich selbst das Versprechen, das von jetzt an zu ändern. Erzeugen Sie in Ihrem Geist ein Gefühl von Macht und Stärke. Visualisieren Sie, wie Sie in allen Lebenslagen gerne von anderen behandelt werden möchten. Wenden Sie stärkende, Ihnen Mut einflößende Affirmationen an. Dadurch setzen Sie einen Heilungsprozeß in Gang, und wenn wir selbst heiler und stärker werden, geben wir das automatisch an unsere Töchter weiter.

Durch Bücher und indem wir uns selbst erziehen, lernen wir, daß uns, statt einfach nur »gute Miene zum bösen Spiel zu machen«, verschiedene Alternativen offenstehen. Nehmen Sie sich die Zeit, Verhaltensweisen einzuüben, mit denen Sie Situationen meistern können, wenn Sie sich belästigt oder herabgewürdigt fühlen. Wenn wir über einen gut vorbereiteten, gut durchdachten Vorrat an möglichen Verhaltensweisen verfügen, verleiht uns das Stärke. Es ist lebenswichtig, daß wir unser Selbstwertgefühl verstehen und stärken und daß wir uns bewußtmachen, kein Verhalten anderer dulden zu müssen, bei dem wir uns unwohl fühlen.

Wir müssen den Menschen in unserem Umfeld deutlich machen, wie wir gerne von ihnen behandelt werden möchten – und deutlich nein sagen, wenn wir uns respektlos behandelt fühlen. »Wenn ihr mit uns zusammensein wollt, müßt ihr uns respektieren«, sollten wir den Männern sagen. Sie müssen lernen, daß es nicht als Einladung zum Sex verstanden werden darf, wenn eine Frau zu einem Mann freundlich ist. Wenn der Bräutigam in der Nacht vor der Hochzeit mit der Freundin oder Schwester seiner Braut schläft, ist das eine Handlung, die uns alle demütigt und herabwürdigt. Es ist nur ein Machtspiel. Ein Mann bricht sein Treueversprechen, um zu demonstrieren, daß er der unumschränkte Herrscher ist.

Frauen dürfen sich nicht länger von Schürzenjägern blenden lassen. Seien wir klug! Für Schürzenjäger sind Frauen lediglich eine Jagdbeute; sie entehren uns Frauen. Wie reich und gutaussehend sie auch sein mögen, sie betrügen uns. Frauen sagen oft: »Oh, aber er ist so süß.« Das ist keine Entschuldigung für demütigendes Verhalten. Wir dürfen uns von solchen Männern nicht länger die Köpfe verdrehen lassen. Obwohl wir sie bewundern, berauben sie uns unserer Würde. Wir sollten die guten Charaktereigenschaften der Männer würdigen, nicht jene Verhaltensweisen, mit denen sie uns verunglimpfen. Der Mann, der anfangs so aufregend erscheint, wird dann später höchstwahrscheinlich nicht da sein, wenn es gilt, sich um die Kinder zu kümmern.

Aggression gegen Frauen rührt oft von einer problematischen Mutterbeziehung her. Gehen Sie bitte keine Beziehung oder Ehe mit einem Mann ein, der seine Mutter haßt, denn nach einer Weile wird dieser Haß sich auch gegen Sie wenden. Wenn er bereit ist, sich einer Therapie zu unterziehen, läßt dieses Muster sich vielleicht verändern; wenn nicht, wird er sein ganzes Leben die Frauen hassen. Solange Frauen schweigen, lassen sie damit zu, daß Gewalt und Mißbrauch weitergehen, zum Schaden des Selbst, der Familie, des Berufslebens und unserer ganzen Gesellschaft. Die Stärke unserer Welt und unserer Zukunft wird dadurch untergraben.

Lesen Sie Jennifer Coburns Buch *Take Your Power Back: A Working Woman's Response to Sexual Harassment*. Empfehlenswert ist auch *Too Good to Leave, Too Bad to Stay: A Step-by-Step Guide to Help You Decide Whether to Stay in or Get out of Your Relationship* von Mira Kirshenbaum.

Wie ich schon sagte, empfinde ich großes Mitgefühl für Männer und die Lasten, die sie zu tragen haben. Aber das bedeutet nicht, daß ich irgendeine Form von Gewalt oder sexueller Belästigung toleriere. Und ich werde in dieser Frage nie wieder schweigen. Das ist das mindeste, was ich für andere Frauen tun kann!

Affirmationen zur Steigerung des Selbstwertgefühls

Ich bin ein wertvolles menschliches Wesen.
Ich werde jederzeit mit Respekt behandelt.
Ich bin stark und selbständig.
Ich helfe anderen Frauen.
Ich weiß mich in jeder Situation zu behaupten.
Ich verdiene es, daß meine Persönlichkeitssphäre respektiert wird.
Wenn nötig, setze ich mich lautstark zur Wehr.
Es gibt Menschen, die mir zur Seite stehen, wenn ich Hilfe brauche.

Ich besitze Integrität.

Je offener ich bin, desto sicherer bin ich.

Mein Selbstwertgefühl ist sehr stark.

Ich bin eine Frau, die andere Frauen heilt.

Ich besitze einen starken Energieschild als Schutz.

Die Männer in meinem Leben behandeln Frauen mit Achtung und Güte.

Ich hole mir meine Macht zurück.

Ich liebe und achte mich.

9. KAPITEL

Lebensqualität im Alter

Schluß mit der übermäßigen Betonung der Jugend-
kultur! Die Zeit ist reif, daß wir den älteren Frauen
dabei helfen, ihr volles Potential zu entdecken und
zu entfalten und in dieser Welt wirklich geachtet und
anerkannt zu werden. Ich möchte dazu beitragen,
daß alle Frauen, wenn sie älter werden, Selbstliebe
und Selbstachtung bewahren und eine wichtige
Rolle in der Gesellschaft spielen. Damit soll die jün-
gere Generation in keiner Weise zurückgesetzt oder
abgewertet werden, sondern auf sehr positive Weise
eine wirkliche Gleichheit zwischen den Generationen entstehen.

Wenn ich mir unsere heutigen alten Frauen an-
schaue, sehe ich sehr viel Furcht, schlechte Gesundheit, Armut, Einsamkeit und das resignative Gefühl,
daß es »von nun an bergab geht«. Ich weiß, daß es
nicht so sein muß. Die Art und Weise, wie wir heute
altern, ist uns einprogrammiert worden, und wir
haben dieses Programm akzeptiert. Von einzelnen
Ausnahmen abgesehen, haben wir uns als Gesellschaft den Glauben zu eigen gemacht, daß wir alle
alt, krank, senil und gebrechlich werden und sterben, in dieser Reihenfolge. Doch das muß nicht länger der Fall sein. Ja, wir alle müssen sterben, wenn
unsere Zeit gekommen ist, aber daß wir vorher
krank, senil und gebrechlich werden, ist eine Option,
die keineswegs zwingend für uns ist.

Wir sollten diese Ängste nicht länger akzeptieren. Es steht uns allen frei, die negativen Merkmale des Alterns ins Positive zu verkehren. Ich glaube, daß unsere zweite Lebenshälfte noch wunderbarer als die erste sein kann. Wenn wir bereit sind, unser Denken zu ändern und neue Glaubenssätze zu akzeptieren, können wir diese Jahre zu unseren kostbarsten machen. Wenn wir erfolgreich altern möchten, müssen wir eine bewußte Wahl treffen, dies zu realisieren. Wir wollen schließlich nicht nur eine Verlängerung unserer Lebensdauer. Wir wollen uns auf vor uns liegende reiche und erfüllte Jahre freuen. Die zusätzlichen Lebensjahre sind wie eine leere Tafel. Was wir daraufschreiben, macht den Unterschied aus.

Aus der Geschichte wissen wir, daß unsere durchschnittliche Lebenserwartung in früheren Zeiten sehr gering war. Zunächst lag sie unter zwanzig Jahren, dann zwischen dreißig und vierzig, schließlich bei etwas über vierzig Jahren. Sogar noch um die Jahrhundertwende galt ein Mensch von fünfzig Jahren als alt. Im Jahr 1900 betrug unsere durchschnittliche Lebenserwartung 47 Jahre. Heute gilt es bereits als normal, wenn jemand die achtzig erreicht. Warum soll es uns ein Quantensprung unseres Bewußtseins nicht ermöglichen, eine Lebensdauer von 120 oder 150 Jahren zu erreichen?

Das ist keineswegs unmöglich. Bereits innerhalb von ein bis zwei Generationen ist es für uns ganz normal und natürlich geworden, sehr viel länger zu leben. Ich glaube, daß man fünfundsiebzig einmal als mittleres Alter ansehen wird. Vor einigen Jahren wurde an einer Universität eine Studie über das Altern durchgeführt. Die Forscher fanden heraus, daß der körperliche Alterungsprozeß einsetzt, wenn Menschen jenes Alter erreichen, daß sie selbst als ihre mittleren Jahre betrachten. Der Körper akzeptiert die von unserem Bewußtsein getroffene Entscheidung. Statt also 45 oder 50 als mittleres Alter zu betrachten, könnten wir uns leicht dafür entscheiden, diese Phase erst mit 75 zu erreichen. Auch diesen Glauben wird der Körper bereitwillig akzeptieren. Wir können uns ein völlig neues Bild von den einzelnen Lebensstadien machen.

Das Zentrum für Demographische Studien in Durham, North Carolina, kommt zu dem Schluß, daß, wenn die Lebenserwartung weiterhin so ansteigt wie seit 1960, unsere Lebensspanne theoretisch über 130 Jahre betragen könnte. 1960 gab es erst 3500 Hundertjährige. 1995 waren es schon 54000. Sie sind die am schnellsten wachsende Altersgruppe. Die Forscher aus Durham fanden keinen Beweis dafür, daß es eine eindeutige Höchstgrenze für die menschliche Lebenserwartung gibt. Auch gehen sie davon aus, daß Frauen vermutlich ein höheres Alter erreichen werden als Männer.

Seit Generationen haben wir es zugelassen, daß die Zahl der Jahre, die wir bereits auf diesem Planeten verbracht haben, darüber bestimmt, wie wir uns fühlen und verhalten sollen. Wie in allen anderen Lebensbereichen gilt auch hier: Was wir bezüglich des Alterns denken und glauben, verwirklicht sich für uns. Darum sollten wir unsere diesbezüglichen Glaubenssätze endlich ändern. Ich weiß, wir können, indem wir neue Konzepte für uns akzeptieren, das Altwerden zu einer positiven, lebenssprühenden, gesunden Erfahrung machen.

Ich stehe nun in meinem siebzigsten Lebensjahr,

und ich bin eine starke, gesunde Frau. In vielerlei Hinsicht fühle ich mich jünger als mit dreißig oder vierzig, weil ich mich nicht länger dem Druck ausgesetzt fühle, gewisse Normen der Gesellschaft erfüllen zu müssen. Ich bin frei, zu tun, was ich will. Ich habe aufgehört, nach Anerkennung zu streben, und es kümmert mich nicht mehr, was andere über mich sagen. Weil ich diese Lasten nicht mehr zu tragen brauche, gehe ich heute aufrechter und tue viel öfter Dinge, die mir Freude machen. Der Gruppendruck oder Gruppenzwang ist für mich weniger wichtig geworden. Mit anderen Worten: Zum erstenmal in meinem Leben stehen meine eigenen Bedürfnisse an erster Stelle. Und das ist ein gutes Gefühl!

Wenn ich davon spreche, daß wir sehr viel länger leben könnten, denken viele Frauen: »Oh, ich will aber nicht all diese Jahre krank und arm sein!« Ist es nicht erstaunlich, wie unser Geist, wenn wir die Tür zu neuen Ideen und Möglichkeiten öffnen, sofort wieder zu einschränkenden Denkweisen zurückkehrt? Unsere letzten Jahre müssen durchaus nicht gleichbedeutend sein mit Armut, Krankheit, Einsamkeit und einem elenden Tod im Krankenhaus. Wenn wir diese Dinge heute in unserem Umfeld oft erleben, liegt das daran, daß wir sie aufgrund unserer bisherigen Glaubenssätze selbst erschaffen haben. Die Gedanken und Glaubensüberzeugungen, die wir heute wählen, bestimmen unsere Zukunft. Wir können unser Glaubenssystem jederzeit verändern. Einst haben wir geglaubt, die Erde sei flach. Heute ist das für uns nicht länger wahr.

Wie ich schon betont habe, entwickelt sich das Leben wellenförmig, mit unterschiedlichen Lernerfahrungen und Evolutionsperioden. Heute befinden wir uns in einer neuen Entwicklungsphase. Die Babyboomer, die in den Jahren von 1946 bis 1964 geboren wurden, standen in vorderster Front dieses dramatischen Bewußtseinswandels. Leute, die heute fünfzig Jahre alt sind, sind weit besser in Form, als das früher in diesem Alter der Fall war. Unser jetziger Präsident, Bill Clinton, der gerade fünfzig geworden ist, sieht aus wie ein junger Mann. Die Mehrzahl der Babyboomer-Generation kann leicht über neunzig Jahre alt werden. Fast ist es, als würden wir zweimal erwachsen werden. Und gegenwärtig finden wir heraus, daß unserer Lebensdauer möglicherweise keine Grenzen gesetzt sind – die Entscheidung liegt ganz und gar bei uns und hängt davon ab, wie rasch wir neue Vorstellungen über das Altwerden akzeptieren.

Ich bin mir bewußt, daß wir, wenn wir alle länger leben, die gesamte Struktur unserer Gesellschaft neu gestalten müssen, unsere Ruhestandsregelungen, unsere Versicherungssysteme und unsere Gesundheitsfürsorge. Aber das ist machbar. Ja, wir leben in einer Zeit großer Veränderungen für uns alle. Wir können nicht so weitermachen wie bisher, wenn wir wollen, daß unsere Lebensqualität sich weiter verbessert. Neues Denken, neue Ideen und neues Handeln sind gefragt.

Sogar unsere gegenwärtige Wohnform des Einfamilienhauses entspricht nicht mehr den menschlichen Bedürfnissen nach Nähe und Kommunikation. Ich glaube, wir brauchen eine andere Architektur und Lebensweise. Eigentumswohnungen, und besonders die Seniorenheime mit ihren Regularien und Einschränkungen schneiden alte Menschen vom Leben ab. Wo sind dort die Kinder und Enkelkinder?

Wo ist Freude und Lachen? Ich glaube, wir brauchen mehr gemeinschaftliches Leben. Wir brauchen mehr Doppelhäuser, in denen zwei miteinander verwandte Familien jeweils ihren eigenen Wohnbereich haben, und doch Seite an Seite leben. Sehr günstig wären auch Häuser mit vier Wohneinheiten – dort können zwei Familien zusammenleben und die zwei weiteren Wohnungen vermieten, um so ihr Einkommen aufzubessern. Das würde helfen, den Kontakt zwischen alten Menschen und Kindern zu verbessern. Die Kinder halten die Alten jung, und die Alten können mit ihrer Weisheit und Erfahrung das Leben der Kinder bereichern. Es wäre ein Segen für die Gesellschaft, wenn es wieder Großfamilien gäbe, in denen mehrere Generationen zusammen oder zumindest nah beieinander leben.

Wegen meines »Alters« erhalte ich seit ein paar Jahren immer wieder Werbepost, in der mir die Vorzüge verschiedener Altenwohnheime und »Wohnparks für aktive Senioren« angepriesen werden. Ein Vorzug, der bei diesen Einrichtungen jedesmal besonders herausgestellt wird, ist ein angeschlossenes oder nahegelegenes Pflegeheim oder Krankenhaus. Sie benutzen Formulierungen wie »qualifiziertes Pflegepersonal sorgt bei Bedarf für Ihre medizinische Betreuung«, »alle Vorteile medizinisch betreuten Seniorenwohnens«, »ärztlicher 24-Stunden-Notdienst« und »Ihre Medikamenteneinnahme wird durch das Pflegepersonal täglich überwacht«. Im Klartext sagen sie: »WENN Sie krank werden, sind wir für Sie da«. Ich glaube, daß diese Denkweise alte Menschen in dem Glauben bestärkt, sie MÜSSTEN krank werden.

Ich würde es begrüßen, wenn jemand ein Seniorenwohnprojekt einrichtet, an das ein ganzheitliches Gesundheitszentrum angeschlossen ist. Statt herkömmlicher Krankenpflege und Medizin sollten dort Chiropraktik, Akupunktur, Homöopathie, klassische chinesische Medizin, Ernährungslehre und Kräuterkunde, Massage, Yoga, ein Fitneßclub und so weiter angeboten werden. Das wäre ein Ort, wo jeder Bewohner sich auf einen gesunden, sorgenfreien Lebensabend freuen könnte. Ich bin sicher, daß eine solche Einrichtung in kürzester Zeit eine lange Warteliste hätte. Solche Altenwohnheime wünsche ich mir für die Zukunft.

Der von uns selbst geschaffene Jugendkult hat zu dem Unbehagen beigetragen, mit dem wir unseren Körper betrachten, ganz zu schweigen von unserer Angst vor Falten. Jede Veränderung unseres Gesichts und unseres Körpers ist für uns etwas Negatives, Verachtenswertes. Was für ein entsetzliches Selbstbild! Und doch ist es nur ein Gedanke, und Gedanken lassen sich verändern. Die Art und Weise, wie wir unseren Körper und uns selbst wahrnehmen, ist erlernt. Ich würde gerne erleben, daß wir alle diese falschen Ideen aufgeben und stattdessen unsere faszinierenden, wunderbaren Körper und Seelen lieben und wertschätzen.

Ein junges Mädchen, das ein negatives Selbstbild hat, wird häufig nach Gründen suchen, seinen Körper zu hassen, in dem Glauben, daß dort der Fehler liege. Wegen des intensiven Drucks, dem die Werbung uns aussetzt, glauben wir oft, daß etwas mit unserem Körper nicht stimmt. Wenn wir nur dünn genug, blond genug, groß genug wären – unsere Nase größer oder kleiner wäre, unser Lächeln strahlender – so geht die Liste endlos weiter. Selbst in unserer Jugend haben die meisten von uns nie wirklich den vorherrschenden Schönheitsnormen entsprochen.

Wenn wir älter werden, tragen wir diese Minderwertigkeitsgefühle weiter in uns. Immer wieder vergleichen wir, wie die Autorin Doreen Virtue schreibt, »unser Inneres mit dem Äußeren der anderen«. Das heißt, wir vergleichen die Art, wie wir uns innerlich fühlen, damit, wie andere Menschen äußerlich wirken. Diese internalisierten Minderwertigkeitsgefühle lassen sich niemals durch modische Kleider, Make-up oder andere äußerliche, oberflächliche Dinge heilen. Stattdessen können wir mit Affirmationen arbeiten, um unsere bewußten und unbewußten negativen Gedanken zu verändern. Wenn wir sie in Selbstliebe zum Ausdruck bringende Aussagen umwandeln, beispielsweise in »so, wie ich bin, bin ich schön« und »ich liebe mein Aussehen«, hilft uns das, dauerhafte Veränderungen herbeizuführen.

Für unser Wohlbefinden ist es von entscheidender Bedeutung, daß wir uns selbst ständig lieben und achten. Wenn es einen Teil Ihres Körpers gibt, mit dem Sie nicht glücklich sind, sollten Sie einen Monat lang immer wieder bewußt Liebe in diesen Bereich ausstrahlen. Sagen Sie Ihrem Körper ganz wörtlich, daß Sie ihn lieben. Sie können sich sogar für den Haß entschuldigen, den Sie ihm gegenüber früher empfunden haben. Diese Übung mag allzu simpel klingen, aber sie funktioniert. In jeder Phase unseres Daseins ist es wichtig, unsere Körper zu lieben, und wenn wir älter werden, wird diese Liebe geradezu lebensentscheidend.

Auf ihrer inspirierenden Hörkassette *Lighten Up* empfiehlt Carol Hansen allen Frauen, täglich ihren Körper fünf Minuten lang mit einer Lotion zu massieren und dabei jedem Körperteil zu sagen, wie sehr sie ihn lieben, und ihm für seine Dienste zu danken. Dr. Deepak Chopra (der Autor von *Die unendliche Kraft in uns;* erschienen im Wilhelm Heyne Verlag) rät, vor dem Duschen den Körper vom Kopf bis zu den Zehen mit Sesamöl einzureiben. Wenn man Menschen, Orten und Dingen vermittelt, daß man sie liebt, bringt man damit das Beste in ihnen zum Vorschein. Die Liebe, die Sie sich heute schenken, wird den Rest Ihres Lebens bei Ihnen bleiben. So wie wir gelernt haben, uns selbst zu hassen, können wir auch lernen, uns zu lieben. Dazu braucht es lediglich innere Bereitschaft und ein wenig Übung.

Machmal müssen wir zunächst alle alten, negativen Gedanken aus dem Weg räumen, damit Platz für neue Ideen geschaffen wird, ganz genauso, wie wir auch regelmäßig altes, unnützes Zeug aus unserem Leben entfernen sollten. Viele alte Menschen haben eine »Depressions-Haltung«: Sie horten und sammeln Dinge, die sie nicht länger brauchen. Wenn es bei Ihnen zu Hause Dinge gibt, die Ihnen nicht länger dienlich sind, sollten Sie sich davon trennen. Schenken Sie sie Obdachlosen oder anderen, die wirklich Verwendung dafür haben. Verkaufen Sie sie auf dem Trödelmarkt. Machen Sie regelmäßig Hausputz in Ihrem Leben und beginnen Sie neu – ohne den alten Müll und überlebte Erinnerungen. Vertrauen Sie sich immer wieder neu dem Leben an.

Ihre Zukunft ist immer hell und freundlich

Nur weil die Zahl unserer Jahre zunimmt, muß es keineswegs mit unserer Lebensqualität bergab gehen. Ich gehe bewußt davon aus, daß sich mein Leben mit

121

jeder neuen Wendung positiv weiterentwickelt. Manches ist heute viel besser als während meiner Jugend. Als junger Mensch steckte ich voller Ängste; heute bin ich von Zuversicht erfüllt.

Ich bin überzeugt, daß viele unserer Ängste völlig unnötig sind. Man hat uns diese angstvolle Haltung anerzogen. Sie ist uns einprogrammiert worden. Es handelt sich dabei lediglich um ein zur Gewohnheit gewordenes Denkmuster, das veränderbar ist. Viele Frauen denken negativ, wenn sie älter werden, und als Folge davon sind sie mit ihrem Lebensabend unzufrieden.

Ich möchte Ihnen dabei helfen, sich bewußt ein Idealbild Ihrer späten Jahre zu erschaffen. Machen Sie sich bewußt, daß diese Jahre die lohnendsten und erfülltesten Ihres ganzen Lebens sein können. Fühlen Sie innerlich, daß Ihre Zukunft immer hell und gut ist, ganz gleich, wie alt Sie sind. Stellen Sie sich bildhaft vor, daß Ihre letzten Jahre zur Krönung Ihres Lebens werden. Sie können zu den *exzellenten Alten* gehören, zu jenen Menschen, die es verstehen, ein kraftvoller, aktiver, vitaler Teil der Gesellschaft zu sein, unabhängig von ihrem Alter.

Setzen Sie sich ruhig hin und lenken Sie Ihre Aufmerksamkeit nach innen. Denken Sie an all die Augenblicke, in denen Sie Freude empfanden, und übertragen Sie diese Freude auf Ihren Körper. Erinnern Sie sich an alle Momente, in denen Sie Erfolge erlebten, an die Momente, in denen Sie etwas taten, das Sie mit Stolz erfüllte, auch wenn es sich nur um Kleinigkeiten handelte. Lassen Sie sich ganz von dieser Freude und Zuversicht durchdringen. Schauen Sie nun zehn Jahre in die Zukunft. In welcher Verfassung und bei welchen Aktivitäten sehen Sie sich?

Wie sehen Sie aus? Wie fühlen Sie sich? Tragen Sie immer noch Freude in sich? Gehen Sie nun zwanzig Jahre die Straße hinunter. Was sehen Sie? Sind Sie lebendig, hellwach und nehmen interessiert am Leben teil? Sind Sie von liebevollen Freunden umgeben? Gehen Sie Tätigkeiten nach, die Ihnen Freude und Erfüllung schenken? Welchen Beitrag leisten Sie zum Wohl der Menschheit? Nehmen Sie sich jetzt, heute, die Zeit, Ihre Zukunft zu visualisieren und zu erschaffen. Gestalten Sie diese Zukunft so gesund und hell und freudvoll, wie Sie nur können. Es ist Ihr Leben, und Sie allein werden es leben.

Glauben Sie niemals, es sei zu spät, oder Sie seien zu alt, um zu träumen und sich Ziele zu setzen. Träume und Ziele halten uns jung und bewirken, daß wir interessiert am Leben teilnehmen. Leben Sie intensiv in der Gegenwart und vergessen Sie die Vergangenheit.

Mein eigenes Leben bekam erst einen Sinn, als ich schon Mitte vierzig war. Im Alter von fünfzig Jahren gründete ich unter sehr bescheidenen Umständen meinen eigenen Verlag. Im ersten Jahr verdiente ich damit lediglich 42 Dollar. Mit 55 wagte ich mich in die Welt der Computer vor. Anfangs machten sie mir angst, aber ich absolvierte Computerkurse und verlor die Angst. Heute besitze ich drei Computer und reise nie ohne meinen Laptop. Mit sechzig legte ich mir einen eigenen Garten zu. Zur selben Zeit nahm ich Zeichenunterricht und begann zu malen. Heute, mit siebzig, werde ich von Jahr zu Jahr kreativer, und mein Leben wird immer reicher und erfüllter. Ich schreibe, halte Vorträge, unterrichte. Ständig lese ich und bilde mich weiter. Ich besitze einen sehr erfolgreichen Verlag. Ich bin eine begeisterte Biogärtnerin.

Ich baue den größten Teil meiner Nahrungsmittel selbst an. Ich liebe Geselligkeit und Parties. Ich habe viele liebevolle Freundinnen und Freunde. Ich reise viel. Einmal in der Woche besuche ich einen Malkurs. Mein Leben ist wahrhaftig zu einer Schatzkiste voller faszinierender Erfahrungen geworden.

Viele von Ihnen kommen nun wie ich in die späten Jahre, und wir sollten diese Lebensphase endlich in einem anderen Licht sehen. Sie brauchen Ihr Alter keineswegs so zu verbringen, wie es vielleicht bei Ihren Eltern der Fall war. Sie und ich können eine neue Lebensweise erschaffen. Wir können alle Regeln verändern. Wenn wir auf dem Weg in unsere Zukunft von unserem inneren Reichtum Gebrauch machen, erwartet uns nur Gutes. Wir können uns bewußtmachen und bejahen, daß alles, was geschieht, unserem höchsten Wohl und unserer größten Freude dient. Wir können fest daran glauben, daß wir auf all unseren Wegen sicher geführt werden.

Lernen wir, statt einfach nur alt zu werden, aufzugeben und zu sterben, einen kraftvollen positiven Beitrag zum Leben zu leisten! Wir haben die Zeit, wir verfügen über das nötige Wissen und die Weisheit, um voller Liebe und Kraft die Welt zu verändern. Die Gesellschaft sieht sich heute vielen Herausforderungen gegenüber. Es gibt viele Mißstände und Probleme von globaler Natur, die unsere Aufmerksamkeit verlangen. Überlegen wir, wie wir gemeinsam dem Planeten helfen können! Es muß einen Grund dafür geben, daß wir heute länger leben. Was können wir am besten mit dieser zusätzlichen Zeit anfangen? Wenn wir nur »spielen« und die Zeit totschlagen, stellt sich rasch Langeweile ein.

Reden Sie, wenn Sie Ihre im Altenheim lebenden

Freunde und Verwandten besuchen, statt über Ihre Krankheiten lieber darüber, wie Sie sich zusammentun und die soziale Situation in Ihrer Nachbarschaft positiv verändern können. Was können Sie dazu beitragen, das Leben für alle besser zu machen? Wie klein dieser Beitrag auch sein mag, er ist in jedem Fall wichtig und sinnvoll. Wenn alle Alten etwas Positives beitragen, können wir dadurch unser ganzes Land zum Besseren verändern.

Wenn wir uns in allen Bereichen der Gesellschaft aktiv einbringen, wird unsere Weisheit alle Ebenen des öffentlichen und privaten Lebens durchdringen und unser Land in einen Ort liebender Güte verwandeln. Ich ersuche Sie daher dringend: Stehen Sie auf, erheben Sie Ihre Stimme, gehen Sie hinaus in die Welt und LEBEN Sie! Sie haben die Chance, ihre persönliche Kraft zurückzugewinnen und ein Erbe zu hinterlassen, das Sie voller Stolz an Ihre Enkelkinder und deren Nachfahren weitergeben können.

In der Schule werden die Kinder immer gefragt: »Was möchtest du werden, wenn du groß bist?« Man bringt ihnen bei, ihre Zukunft zu planen. Auch für das Alter sollten wir mit der gleichen Haltung Pläne schmieden. Was wollen wir werden, wenn wir alt sind? Ich möchte jedenfalls eine »exzellente Alte« sein, die nach besten Kräften einen positiven Beitrag für die Gesellschaft leistet. Maggie Kuhn, die Sprecherin der Grauen Panther, pflegte zu sagen: »Ich möchte auf einem Flughafen sterben, mit dem Aktenkoffer in der Hand, kurz nachdem ich einen Job gut beendet habe.«

Ob wir nun vierzehn, vierzig oder achtzig Jahre alt sind, wir alle altern unaufhörlich und gehen jenem Moment entgegen, an dem wir den Planeten verlassen. Alles, was wir tun, sagen und denken, bereitet uns auf den nächsten Schritt vor. Altern wir also bewußt und sterben wir bewußt! Eine gute Frage, die wir uns immer wieder stellen sollten, lautet: »Wie möchte ich gerne altern?« Schauen Sie sich um. Beobachten Sie jene Frauen, die auf elende Weise altern, und jene, die auf wunderbare Weise altern. Wie unterscheidet sich das Verhalten dieser beiden Gruppen? Sind Sie bereit, alles Erforderliche zu tun, um in Ihren späten Jahren gesund, glücklich und zufrieden zu sein?

Die nächste Frage lautet dann: »Wie möchte ich gerne sterben?« Wir beschäftigen uns mit so vielen anderen Lebensbereichen, aber an unseren Tod denken wir nur selten, und wenn, dann voller Furcht. Wie immer Ihre Eltern gestorben sein mögen, für Sie selbst kann das Verlassen des Planeten eine positive Erfahrung sein. Wie bereiten Sie sich auf Ihren Tod vor? Wollen Sie krank und hilflos, an Schläuche angeschlossen, in einem Krankenhausbett Ihr Leben verlassen? Oder hätten Sie, wenn Ihre Zeit kommt, lieber eine vergnügte Nachmittags-Party mit ihren Freunden, nach der Sie ein Nickerchen machen und nicht wieder aufwachen? Ich jedenfalls ziehe die Party eindeutig vor, und ich programmiere mich selbst darauf, daß mein Leben auf diese Weise endet. Sollten Sie gegenwärtig ein negatives Bild vom Sterben haben, können Sie dieses Bild jederzeit verändern. Wir alle können das Sterben zu einer friedlichen, freudigen Erfahrung machen.

Planetare oder globale Heilung wird möglich, wenn wir uns bewußtmachen, daß unsere äußere Welt jene Energiemuster widerspiegelt, die wir in uns tragen. Ein wichtiger Aspekt jedes Heilungsprozesses besteht darin, unsere Verbundenheit mit allem Leben zu erkennen und positive Heilungsenergie hinaus in die Welt zu projizieren. Viele von uns blockieren Ihre Energie, weil Sie sich nicht bewußt sind, welche Heilkraft vom Geben und Teilen ausgeht. Heilung ist ein ständiger Prozeß, und wenn wir erst auf unsere eigene »Heilung« warten, ehe wir anderen unsere Liebe schenken, bekommen wir dazu vielleicht niemals Gelegenheit.

Der Spruch »Oh, ich bin viel zu alt, um dieses und jenes zu tun«, wird völlig aus der Mode kommen, wenn wir alte Menschen all das tun sehen, was ihnen angeblich nicht mehr möglich sein soll. Das Gefühl »zu alt« zu sein, wird sich, wenn es überhaupt noch auftritt, auf die Zeit unmittelbar vor dem Tod beschränken. Es gibt keinen Grund, warum wir nicht bis zu unseren letzten Tagen ein erfülltes Leben führen sollten.

In Dallas gibt es eine Gruppe von Frauen im Alter von 62 bis 80 Jahren, die regelmäßig Karate praktizieren. Sie nennen sich »Magnolien aus Stahl« und führen ihre Karatekünste oft öffentlich vor. Sie gehen in Altenheime und demonstrieren, daß Karate ein für Seniorinnen durchaus geeigneter Sport ist. Auch sind diese Frauen in der Lage, sich selbst zu verteidigen, falls sie einmal angegriffen oder überfallen werden sollten.

Es gibt im ganzen Land Gruppen von älteren Frauen, die gemeinsam in Aktiengeschäfte investieren. Einige dieser Gruppen waren dabei ziemlich erfolgreich. Eine Gruppe in Illinois hat den *Beardstown Ladies Common Sense Investment Guide* herausgebracht, einen Ratgeber für Investorinnen. Von diesem Buch wurden über 300 000 Exemplare verkauft.

Kürzlich ergab eine wissenschaftliche Studie in Pennsylvania, daß Menschen, die die Achtzig, ja sogar die Neunzig überschritten haben, durch Gewichtheben ihren Körper revitalisieren können. Sie können die Kontrolle über Muskeln zurückerlangen, die seit Jahren inaktiv waren. Die mit dem Altern oft einhergehende Unbeweglichkeit ist in Wirklichkeit eine Folge jahrelanger körperlicher Inaktivität. Die Trainer fanden heraus, daß über Neunzigjährige in weniger als zwei Monaten ihre Körperkräfte verdreifachen konnten. Dieses Training wirkte sich auch stimulierend auf ihre geistigen Fähigkeiten aus.

Gegenwärtig findet die Wissenschaft heraus, daß das Gehirn nur verkümmert, wenn wir es nicht mehr gebrauchen. Solange wir uns durch geistige Tätigkeiten und Übungen stimulieren und interessiert am Leben teilnehmen, bleibt das Gehirn leistungsfähig. Wenn wir unser Gehirn nicht mehr fordern, wird unser Leben dagegen dumpf und langweilig. Wie schal und eingeengt ist doch das Leben jener Leute, die körperlich inaktiv sind und nur über ihre Krankheiten reden!

Die meisten wissenschaftlichen Studien mit alten Menschen wurden von der Pharmaindustrie finanziert und beschäftigen sich dementsprechend ausschließlich mit Krankheit, damit, was mit uns Alten »nicht in Ordnung ist«, und mit den Medikamenten, die wir angeblich benötigen. Es müßten dringend sorgfältige Studien durchgeführt werden, die sich mit solchen Alten befassen, die gesund, glücklich und aktiv sind und sich ihres Lebens freuen. Je mehr wir erforschen, was mit alten Menschen »in Ordnung ist«, desto besser werden wir erkennen, was zu einem gesunden Leben dazugehört. Leider kann die Pharmaindustrie an gesunden Leuten kein Geld verdienen. Daher wird sie solche Studien niemals finanzieren.

Ganz gleich, wie alt wir sind oder welche Probleme wir haben, wir können noch heute damit beginnen, positive Veränderungen herbeizuführen. Sobald wir bereit sind, uns selbst Liebe und Fürsorge entgegenzubringen, werden wir lernen, zu lieben. Wenn wir uns selbst jeden Tag ein bißchen mehr lieben, werden wir auch offener für die Liebe anderer. Das Gesetz der Liebe verlangt, daß wir uns auf das konzentrieren, was wir uns wünschen, *nicht* auf das, was wir uns nicht wünschen. Konzentrieren Sie sich darauf, sich selbst zu lieben. Benutzen Sie die Affirmation: »*In diesem Moment liebe ich mich voll und ganz.*«

Wenn wir später als ältere Menschen geachtet und respektiert werden wollen, dann müssen wir das Fundament dafür legen, indem wir heute die alten Menschen respektieren und achten, die uns im Alltag begegnen. So wie wir heute alte Menschen behandeln, werden wir später behandelt werden. Gegenwärtig sollten wir besonders auf die Stimme unserer vitalen, sich immer vernehmlicher zu Wort meldenden Seniorinnen hören. Von ihnen können wir sehr viel lernen. Diese Frauen bersten förmlich vor Energie, Weisheit und Wissen. Sie betrachten das Leben als einen Pfad des Erwachens; statt alt zu werden, entwickeln sie sich einfach immer weiter.

Sehr empfehlen möchte ich das Buch *In der Mitte des Lebens. Die Bewältigung vorhersehbarer Krisen* von Gail Sheehy. Ihre Einsichten bezüglich der Neugestaltung unseres Erwachsenenlebens und anstehenden Veränderungen hat mich tief im Herzen berührt und in mir den Wunsch geweckt, uns allen dabei zu helfen, *exzellente Alte* zu werden. Wie jung Sie auch heute sein mögen, Sie werden vermutlich ziemlich lange leben, und daher sollten Sie jetzt schon für angenehme, erfüllte spätere Jahre vorsorgen.

Beim Herbeiführen dieser positiven Veränderungen kann es sehr nützlich sein, mit Affirmationen zu arbeiten. Zwar sind alle Gedanken und Worte, die wir verwenden, Affirmationen, doch wenn ich davon spreche, »mit Affirmationen zu arbeiten«, meine ich damit bewußt eingesetzte positive Aussagen, die unseren Geist auf das Akzeptieren einer neuen Lebensweise umprogrammieren. Wählen Sie Affirmationen, die Ihre persönliche Macht und Stärke als ältere Frau fördern, damit auch Sie zu den *exzellenten Alten* gehören. Sprechen Sie täglich mehrfach wenigstens eine der folgenden Affirmationen. Beginnen und beschließen Sie den Tag mit ihnen. Ihr Tag sollte mit positiven Gedanken anfangen und ausklingen.

Affirmationen für die Exzellenten Alten

Ich habe mein ganzes Leben noch vor mir.
Ich bin jung und schön ... in jedem Alter.
Ich trage auf erfüllende, produktive Weise zum Wohl der Menschheit bei.
Ich bestimme selbst über meine Finanzen, meine Gesundheit und meine Zukunft.
Ich werde von allen, denen ich begegne, geachtet.
Ich achte die Kinder und Jugendlichen in meinem Leben.
Ich begrüße jeden neuen Tag energiegeladen und freudig.
Ich koste jeden Tag voll aus.
Ich habe einen erholsamen Nachtschlaf.

Jeden Tag denke ich neue und andere Gedanken.

Mein Leben ist ein herrliches Abenteuer.

Ich bin offen für alles Gute, was das Leben mir zu bieten hat.

Meine Familie unterstützt mich, und ich unterstütze sie.

Für mich ist nichts unmöglich.

Ich sage deutlich meine Meinung; meine Stimme wird von den politisch und gesellschaftlich Verantwortlichen gehört.

Ich nehme mir die Zeit, mit meinem inneren Kind zu spielen.

Ich meditiere, mache ruhige Spaziergänge und erfreue mich an der Schönheit der Natur; ich genieße es, mir Zeiten des Alleinseins zu gönnen.

Lachen spielt in meinem Leben eine wichtige Rolle; ich lasse andere gerne an meiner Freude teilhaben.

Ich engagiere mich aktiv für die Heilung des Planeten.

Ich trage zur Harmonie des Lebens bei.

Ich habe alle Zeit der Welt.

Meine späten Jahre sind meine kostbarsten Jahre.

Eine Heilmeditation

Jedes neue Lebensjahr bringt mir Freude. Mein Wissen wächst kontinuierlich, und ich bin in Kontakt mit meiner Weisheit. Auf jedem Schritt meines Weges werde ich von Engeln geführt. Ich verstehe es, das Beste aus meinem Leben zu machen. Ich weiß, wie ich mich selbst jugendlich und gesund erhalten kann. Mein Körper erneuert sich unaufhörlich. Bis zu meinem letzten Tag bin ich vital, munter, gesund, lebenssprühend und leiste einen positiven Beitrag zum Wohle aller. Ich bin im Frieden mit meinem Alter. Meine Beziehungen zu anderen Menschen sind genau so, wie ich es mir wünsche. Ich erschaffe mir den Wohlstand, den ich benötige, um mich gut zu fühlen. Ich verstehe es, mich an meinen Erfolgen zu freuen.

Meine späten Jahre sind meine kostbarsten Jahre, und ich gehöre zu den »Exzellenten Alten«. Ich gebe der Welt von nun an großzügig von meinen Talenten und Fähigkeiten, in dem Wissen, daß ich Liebe, Freude, Frieden und unendliche Weisheit bin, jetzt und ewig.

Und so sei es!

10. KAPITEL

Schaffen Sie sich eine finanziell gesicherte Zukunft

Viele Frauen sind sehr stark von den Männern in ihrem Leben umsorgt und beschützt worden. Männer sind häufig der Ansicht, Frauen sollten »sich über Geldangelegenheiten nicht den hübschen Kopf zerbrechen«. Vati oder Ehemann kümmern sich schon um diese Dinge. Solche Frauen läßt eine Scheidung oder der Tod ihres Mannes völlig unvorbereitet zurück. Unser hübscher Kopf ist durchaus fähig, den klugen Umgang mit Geld zu erlernen. In der Grundschule und in den ersten High-School-Jahren sind die Mädchen den Jungen in Mathematik fast immer voraus.

Frauen sollten sich heute gut über Geldanlagen und Investitionen informieren. Wir sind in diesen Dingen äußerst befähigt. Jede Frau sollte finanziell unabhängig sein, doch zu Hause und in der Schule wird uns der Umgang mit Geld nur selten beigebracht. Wir werden nicht mit der Welt der Ökonomie vertraut gemacht. In der traditionellen Familie kümmerte sich der Mann um das Geld, und die Frau um die Kinder und den Hausputz. Viele Frauen können deutlich besser mit Geld umgehen als Männer, und manche Männer sind viel talentierter im Kochen und Putzen als ihre Frauen. Die Behauptung, Finanzangelegenheiten seien eine Domäne der Männer, dient lediglich dazu, Frauen an ihrem Platz zu halten.

Viele Frauen fürchten sich vor dem Wort *Finanzen* einfach deshalb, weil die Beschäftigung damit neu für sie ist. Wir müssen uns von dem alten Denken befreien, daß Frauen angeblich von solchen Dingen nichts verstehen. Wir glauben, uns auf bestimmten Gebieten nicht auszukennen, aber wir sind klüger als wir selbst glauben, und wir können dazulernen. Wir sollten uns weiterbilden, Lehrkassetten hören, Bücher lesen und Arbeitsgruppen ins Leben rufen. Wenn wir mehr über Geld und die Finanzwelt in Erfahrung bringen, werden wir uns weniger vor diesen Dingen fürchten.

Hier in San Diego gibt es gemeinnützige Organisationen, die Frauen kostenlos Weiterbildungskurse im Finanzbereich anbieten und sie in Kreditangelegenheiten beraten. An den meisten Hochschulen und Universitäten werden Abend- oder Wochendkurse zu diesem Thema angeboten. Diese Kurse sollen Frauen helfen, in ökonomischen Fragen und bei Geldanlagen selbständiger und sicherer zu werden. Das steigert ihr gesamtes Selbstvertrauen. Ich bin sicher, daß es auch an Ihrem Wohnort solche Angebote gibt. Informieren Sie sich.

Alle Frauen benötigen fundiertes Wissen im Umgang mit ihren Finanzen. Selbst wenn Sie eine glücklich verheiratete Frau sind, die mit einem Dasein als Hausfrau und Mutter zufrieden ist, sollten Sie über diese Dinge Bescheid wissen. Was ist, wenn Ihr Mann plötzlich stirbt oder sich scheiden läßt, und Sie gezwungen sind, Ihre Kinder allein großzuziehen? Dann geraten Frauen in Schwierigkeiten – wenn sie nicht gelernt haben, sich um ihre finanziellen Angelegenheiten selbst zu kümmern. Sorgen Sie lieber vor, indem Sie sich beizeiten gründlich informieren.

Vielleicht werden Sie dieses Wissen nie benötigen, aber es macht Sie auf jeden Fall stärker und selbstbewußter.

Selbst wenn Sie in sehr kleinem Rahmen beginnen, Geld zurückzulegen, kann das der Grundstein für ein späteres eigenes Vermögen sein. Es macht Spaß, unsere Ersparnisse anwachsen zu sehen. Vom Sparen können wir dazu übergehen, Geld zu investieren. Dann arbeitet Ihr Geld für Sie, statt daß Sie für Ihr Geld arbeiten. Ich benutze jetzt schon seit einiger Zeit die Affirmation: MEIN EINKOMMEN WÄCHST UNAUFHÖRLICH, UND ICH BIN IN JEDER HINSICHT WOHLHABEND. Ich habe daraus für mich ein persönliches Gesetz gemacht, und das können Sie auch. Es wird Ihnen dabei helfen, Ihr Geldbewußtsein zu verändern. Ich spreche aus Erfahrung, denn ich war früher arm, sehr arm. Lange Zeit besaß ich überhaupt kein Geld. Ich hatte kein Wohlstandsbewußtsein. Ich hatte ein Armutsbewußtsein. Das, was ich heute bin, verdanke ich dem Gesetz positiven Denkens. Damit meine ich, daß sich mein Denken bezüglich meines Selbstbildes, dem Leben und dem Geld änderte. Als sich mein Denken änderte, änderten sich auch mein Bewußtsein und meine Welt.

Ich wurde in der Zeit der Wirtschaftsdepression geboren. Es gab praktisch kein Geld. Während meiner gesamten Kindheit gab es bei uns zu Hause kein warmes Wasser, und wir kochten auf einem Holzofen. Kühlschränke waren ein uns unbekannter Luxus. Als ich klein war, arbeitete mein Vater im WPA, einem von der Regierung finanzierten Arbeitsbeschaffungsprogramm, und verdiente ein wenig Geld, aber nicht viel. Ich weiß noch, wie begeistert ich war, als ich endlich eine Anstellung in einem Billigkaufhaus erhielt. So war es eben damals um mein Bewußtsein bestellt. Ich arbeitete als Lagergehilfin und Kellnerin; ich erledigte alle möglichen Aushilfstätigkeiten, weil ich damals glaubte, das sei genau das, was mir zustehe. Ich brauchte sehr lange, um mich von diesen einengenden Glaubenssätzen zu befreien. Als mein Verständnis wuchs, erkannte ich allmählich, daß im Universum eigentlich Fülle herrscht. Diese Fülle ist denen unter uns zugänglich, die bereit sind, ihr Bewußtsein zu erweitern. Das Universum liebt es, zu geben. Wir sind es, die sich schwer damit tun, seine Geschenke anzunehmen. Unser Leben wird so lange von Mangelzuständen bestimmt sein, bis wir lernen, unser Bewußtsein für die Erkenntnis zu öffnen, daß uns Wohlstand *zusteht,* daß das unser natürlicher, vom Universum gewollter Zustand ist; daß wir es *verdienen,* wohlhabend zu sein, und daß es zu unseren natürlichen Fähigkeiten gehört, Wohlstand anzuziehen. Erst dann lassen wir es bewußt zu, daß das Universum uns reich beschenkt.

Die meisten Frauen sagen: »Ich wünsche mir mehr Geld«, »ich brauche Geld«. Und doch tun wir alles, um rings um uns Mauern aufzurichten, die das Geld daran hindern, zu uns zu gelangen. Die für einen Kursleiter vermutlich schwierigste Seminarform sind Seminare zum Thema Wohlstand. Die Leute werden sehr, sehr wütend, wenn man ihre Glaubenssätze bezüglich Wohlstand in Frage stellt. Und jene Frauen, die am dringendsten Geld benötigen, besitzen in der Regel auch das ausgeprägteste Armuts- und Mangeldenken. Wenn man diese Glaubenssätze anzweifelt, geraten sie rasch in Wut. Wir alle können unsere einengenden Glaubenssätze verändern, doch je größer die nötigen Veränderungen sind, desto schwerer erscheint uns dieser Prozeß, und desto mehr Furcht und Abwehr gegen das Neue können sich einstellen.

Stellen Sie auf jeden Fall eine Liste zu dem Thema auf: WAS ICH ÜBER GELD GLAUBE. Notieren Sie darin alle Ihre Glaubenssätze in Gelddingen, jede Bemerkung zu Geld, Arbeit und Wohlstand, an die Sie sich aus Ihrer Kindheit erinnern. Schreiben Sie auch auf, wie Sie gefühlsmäßig zum Geld stehen. Hassen Sie Geld? Finden Sie es schmutzig? Zerknüllen Sie geringschätzig jeden Geldschein, der Ihnen in die Finger kommt? Haben Sie je liebevoll mit einem Zehnmarkschein gesprochen? Segnen Sie alle Rechnungen, die Sie selbst ausstellen oder zu begleichen haben? Haben Sie Ihrer Telefongesellschaft je für den Service gedankt, den sie Ihnen zukommen läßt, und dafür, daß man auf Ihre Zahlungsfähigkeit vertraut? Sind Sie dankbar, wenn Sie Geld erhalten, oder beklagen Sie sich ständig, daß es viel zu wenig ist? Betrachten Sie genau, welche Einstellung Sie zum Geld haben! Sie werden überrascht sein, was Sie dabei herausfinden.

Als ich damit begann, über meinen allernötigsten täglichen Bedarf hinaus Geld in mein Leben zu ziehen, fühlte ich mich zunächst sehr, sehr schuldig. Ich verschenkte es oder gab es für unsinnige Dinge aus, um rasch wieder pleite sein zu können. Über zusätzliches Geld zu verfügen lief meinen früheren Glaubenssätzen so zuwider, daß ich auf unterbewußter Ebene bestrebt war, es so rasch wie möglich wieder loszuwerden. Ich brauchte lange, um diesen Glauben zu verändern und mir bewußtzumachen, daß es mir zusteht, Geld zu verdienen, es zu genießen und anzusparen.

Wir Frauen müssen begreifen, daß nur Dinge in unser Leben treten, die wir zuvor in unserem Bewußtsein erschaffen und sie uns so verdient haben – dem Gesetz richtigen Denkens entsprechend. Wir zahlen geistige Währung (positive Affirmationen) bei unserer kosmischen Bank ein. Wenn wir genug davon angespart haben, kehrt sie in Form von Wohlstand zu uns zurück. Sie sollten sich nicht schuldig fühlen, wenn Gutes in Ihr Leben strömt. Sie haben es sich bereits verdient! Sie müssen nicht dafür bezahlen; Sie haben Ihre Arbeit bereits getan. Darum sind diese guten Dinge da.

Wenn Ihr Einkommen wächst, Ihre berufliche Situation sich verbessert, Geld in Ihr Leben strömt, dann haben Sie sich all das bereits durch Ihr bewußtes Denken und Ihren Glauben verdient. Genießen Sie diesen neuen Zustand. Eine gute Affirmation in diesem Zusammenhang lautet: ICH HABE MIR DIESE DINGE BEREITS VERDIENT. SIE STEHEN MIR ZU. ICH HABE SIE MIR ERARBEITET. Seien Sie dann froh und dankbar. Wie ich schon sagte: Das Universum liebt dankbare Menschen.

Verschwenden Sie keinen Gedanken auf die Frage, warum Sie wohlhabend sind, während andere Frauen unter Armut leiden. Wir alle stehen unter dem Gesetz unseres eigenen Bewußtseinszustandes. Alle Menschen besitzen die Fähigkeit, Gutes in ihr Leben zu ziehen, sobald sie ihr Bewußtsein für neue Ideen öffnen. Das spirituelle Erwachen ist uns jederzeit zugänglich; es liegt an uns, die entsprechende innere Bereitschaft zu entwickeln. Ob wir die Chancen und Möglichkeiten, die das Leben uns bietet, annehmen und nutzen, müssen wir selbst entscheiden. Wenn der Schüler bereit ist, erscheint der Lehrer – keinen Moment früher oder später.

Ich glaube, daß es eine gute Sache ist, sich selbst den Zehnten zu schenken. Wenn Sie den zehnten Teil Ihres Einkommens sparen, signalisieren Sie damit dem Universum: »Ich bin wertvoll, ich verdiene Gutes und nehme es dankbar an.« Ich empfehle, daß Frauen zehn bis zwanzig Prozent Ihrer Einkünfte für Ihren eigenen Bedarf zurücklegen sollten. Geben Sie dieses Geld nicht für alltägliche Dinge aus, sondern sparen Sie es, um davon größere Ausgaben zu tätigen, etwa den Erwerb eines Hauses oder Geschäfts. Auch wenn es anfangs nur sehr kleine Summen sind, sollten Sie trotzdem damit beginnen, Geld zurückzulegen. Es ist verblüffend, wie rasch sich auf diese Weise größere Summen ansammeln. Den zehnten Teil seines Einkommens zu sparen, um davon persönliche Träume zu verwirklichen, ist ein Akt der Selbstliebe und hilft uns dabei, ein gesundes Selbstwertgefühl zu entwickeln.

Die Kirchen wollen, daß Sie den Zehnten ausschließlich Gott geben, indem Sie ihn Ihrer Kirche spenden. Aber Sie selbst sind ein Teil Gottes, ein Teil von Allem, Was Ist. Wenn Sie das möchten, können Sie natürlich gerne für Ihre spirituelle Quelle spenden, aber sparen Sie außerdem den Zehnten für sich selbst. Und machen Sie nicht den Fehler, damit zu warten, bis Sie mehr verdienen. Mit solchem Armutsdenken werden Sie nie genug verdienen, um davon den zehnten Teil zurückzulegen. Bringen Sie gleich jetzt den Glauben und das Vertrauen auf, dieses Geld von Ihren Einkünften abzuzweigen, noch ehe Sie Gelegenheit haben, es auszugeben! Dann können

Sie mit dem, was übrigbleibt, Ihr Budget gestalten. Es ist erstaunlich, wie diese Methode Gutes in Ihr Leben zieht. Sich selbst den Zehnten zu spenden ist, als würden Sie sich einen Geldmagneten erschaffen!

11. KAPITEL

Frauen helfen sich gegenseitig

In einer »Frauen-Selbsthilfegruppe« können Frauen einander darin unterstützen, ihre einengenden Glaubenssätze zu erkennen. Sie können gemeinsam eine Vielzahl von Übungen durchführen, Affirmationen zur Veränderung Ihres Bewußtseins anwenden, die Freude an positiven Veränderungen miteinander teilen und sich gegenseitig ermutigen. Eine Gruppe kann ihre Mitglieder auf wunderbare Weise darin unterstützen, ihr Leben zum Besseren zu verändern.

Sie müssen selbst nicht perfekt sein, um eine solche Selbsthilfegruppe zu gründen. Sie sollten aber bereit sein, diese Ideen und Prinzipien in Ihrem eigenen Leben anzuwenden und den aufrichtigen Wunsch haben, diese Einsichten mit anderen zu teilen. Außerdem brauchen Sie ein offenes Herz und die Bereitschaft zuzuhören. Eine solche Gruppe zu leiten ist ein Wachstumsprozeß für die Leiterin ebenso wie für die anderen Teilnehmerinnen. Sie sollten also fest damit rechnen, daß auch einiges von Ihrem eigenen »unerledigten Zeug« dabei ans Licht kommen wird. Wie wunderbar! Das ist eine ausgezeichnete Gelegenheit, Ihren Heilungs- und Entwicklungsprozeß fortzusetzen. Denken Sie daran, daß unsere wichtigste Aufgabe auf diesem Planeten darin besteht, uns selbst und andere lieben zu lernen.

Eine Frauen-Selbsthilfegruppe kann einfach ein regelmäßiges, zwangloses Treffen mehrerer Freundinnen sein, vielleicht einmal pro Woche. In jeder Gruppensitzung könnten Sie sich ein Kapitel aus diesem Buch vornehmen und darüber diskutieren. Weitere wertvolle Anregungen können Sie meinen Büchern *Du bist dein Heiler* und *Das Leben lieben* entnehmen. (Beide erschienen im Wilhelm Heyne Verlag.)

Benutzen Sie diese Treffen nicht als Vorwand, herumzusitzen und zusammen das »Es ist ja alles so furchtbar«-Spiel zu spielen. Stattdessen sollte die Gruppe für Sie eine Hilfe auf Ihrem persönlichen Wachstumsweg sein. Es nützt überhaupt nichts, alte, negative Muster zu pflegen und sich gegenseitig damit zu brüsten, wer die schrecklichste Woche hatte. Die Gruppe sollte für ihre Mitglieder ein Mittel sein, positive Veränderungen zu unterstützen.

Allgemeine Empfehlungen

Eine der ersten und wichtigsten Übungen besteht darin, herauszufinden, WAS Sie glauben. Das kann Ihnen wirklich die Augen öffnen. Sie brauchen dazu mehrere leere Seiten in Ihrem Notizbuch. Als Überschrift schreiben Sie jeweils: MEIN GLAUBE IN BEZUG AUF ...

- Männer
- Frauen
- mich selbst
- Beziehungen
- soziales Engagement
- Ehe
- Familie
- Kinder
- Arbeit
- Geld
- Wohlstand
- Geldanlagen
- Gesundheit
- Alter
- Tod

142

Diese Glaubenssätze sind innere, unterbewußte Regeln, nach denen Sie leben. Positive Veränderungen in Ihrem Leben werden erst möglich, wenn Sie sich Ihre negativen Glaubenssätze bewußtmachen.

Wenn alle diese Listen mehr oder weniger vollständig sind, sollten Sie sie aufmerksam durchlesen.

Markieren Sie jeden Glaubenssatz, der ermutigend und hilfreich ist, mit einem Stern. Das sind die Glaubenssätze, die Sie behalten und verstärken sollten.

Markieren Sie jeden negativen, Ihre Zielsetzungen behindernden Glaubenssatz mit einem Häkchen. Diese Glaubenssätze halten Sie davon ab, alles zu werden, was Sie sein können. Streichen Sie sie durch und progammieren Sie sie um.

Selbstverständlich können Sie die obige Aufstellung um weitere Themen ergänzen. Sie könnten sich dann jede Woche ein Thema vornehmen und den Teilnehmerinnen Gelegenheit geben, miteinander über ihre Listen zu sprechen.

Hier sind ein paar Vorschläge für diejenigen, die gerne eine Selbsthilfegruppe gründen möchten:

1. Sorgen Sie für eine Atmosphäre gegenseitigen Vertrauens. Das können Sie erreichen, indem Sie alle Teilnehmerinnen bitten, die Dinge, die in der Gruppe besprochen werden, nicht nach draußen zu tragen. Auch fördert es das Vertrauen, wenn Sie selbst offen über einige Ihrer eigenen Probleme sprechen und so deutlich machen, daß in der Gruppe die Möglichkeit besteht, jene Masken abzulegen, die wir sonst oft tragen. Von keiner Frau sollte erwartet werden, daß ihr Leben in jeder Hinsicht »perfekt« ist. In der Gruppe geht es

darum, daß wir lernen, auf neue Weise mit den Herausforderungen in unserem Leben umzugehen. Ort der Treffen könnte Ihr Wohnzimmer sein, ein Konferenzraum, oder ein kirchliches Gemeindezentrum.

2. Kultivieren Sie bei den Treffen eine vorurteilsfreie, offen akzeptierende Einstellung. Sagen Sie den anderen nicht, was sie tun »sollen«. Machen Sie stattdessen Vorschläge, wie sie ihr Denken und ihre Wahrnehmung verändern können. Wenn Menschen spüren, daß andere sie verurteilen, gehen sie automatisch in Abwehrstellung.

3. Zentrieren Sie sich vor jeder Gruppensitzung. Benutzen Sie Affirmationen wie diese: »*Der unendliche Geist lenkt meine Gedanken, Worte und Handlungen während der gesamten Sitzung.*« Oder: »*Während ich die Gruppe leite, vertraue ich mich ganz meiner inneren Göttlichen Weisheit an*«. Sollte während der Gruppensitzung etwas geschehen, durch das Sie sich herausgefordert oder angegriffen fühlen, atmen Sie sofort tief durch und denken eine positive Affirmation.

4. Beim ersten Treffen der Gruppe können Sie die folgenden Verhaltensregeln vorschlagen:
   - Seid bitte pünktlich!
   - Versucht, möglichst an allen Sitzungen teilzunehmen. Kontinuität ist wichtig.
   - Hört aufmerksam zu und respektiert das, was die anderen Frauen zu sagen haben.
   - KEIN Durcheinanderreden! Es sollte immer nur eine von uns sprechen.

– Behandelt das, was in der Gruppe besprochen
wird, vertraulich. Es ist wichtig, daß die Frauen
sich in der Gruppe sicher fühlen, wenn sie über
persönliche Dinge sprechen.
– Die Gespräche sollten sich auf Problemlösun-
gen konzentrieren, nicht auf die ganze »Geschichte«.
– Sprecht in der Ich-Form, statt »die anderen«
verantwortlich zu machen.
– Achtet darauf, daß alle in der Gruppe angemessen Gelegenheit erhalten, sich mitzuteilen.

5. Es ist wichtig, daß jede Teilnehmerin bei den Treffen ausreichend zu Wort kommt. Wenn die
   Gruppe relativ groß ist, können Sie für Übungen
   und Aussprache kleine Arbeitsgruppen von fünf
   oder sechs Leuten bilden.

6. Gelegentlich kommt es vor, daß ein Mitglied in
   der Gruppe besonders redefreudig ist und die
   anderen unterbricht. Machen Sie sich bewußt,
   daß jemand, der die Gruppe zu dominieren versucht, aus der Furcht heraus handelt, nicht gut
   genug zu sein oder nicht genügend Aufmerksamkeit zu erhalten. Am besten ist es, wenn Sie nach
   der Gruppensitzung mit dieser Frau unter vier
   Augen sprechen. Sagen Sie ihr liebevoll: »Ich
   weiß es zu schätzen, daß du der Gruppe so viel
   mitzuteilen hast. Ich bin lediglich besorgt, daß
   andere, die nicht so redegewandt sind, sich dadurch vielleicht ein wenig gehemmt fühlen.
   Könntest du in der nächsten Woche bitte darauf
   achten, die anderen zu Wort kommen zu lassen,
   so daß sie ihre Anliegen vorbringen können?

Danke.« Dieser Frau eine Aufgabe zu übertragen, mit der sie Ihnen bei der Organisation der Treffen hilft, kann ebenfalls ein guter Weg sein.

7. Arbeit, die zu inneren Erfahrungen führt, ist wichtig, um die Bewußtheit der Teilnehmerinnen zu fördern. In jeder Gruppensitzung sollten Sie eine Übung anbieten, die zu inneren Erfahrungen führt, etwa Affirmationen vor dem Spiegel sprechen, eine Meditation für das innere Kind, und ähnliches.

8. Seien Sie flexibel. Da man den Ablauf eines solchen Gruppentreffens nie genau vorausplanen kann, werden Sie vielleicht nicht das ganze Programm schaffen, das Sie sich vorgenommen hatten. Da sich alle Dinge aber immer in göttlicher Ordnung vollziehen, sollten Sie einfach lernen, sich dem Prozeß anzuvertrauen. Dann wird alles harmonisch fließen und sich gut entwickeln!

9. Beobachten Sie sich selbst, und achten Sie auf Ihre Reaktionen. Wenn Sie ängstlich werden und das Gefühl bekommen, der Situation nicht gewachsen zu sein, sollten Sie ein paarmal tief durchatmen, sich entspannen und in Gedanken eine positive Affirmation wiederholen.

10. Streiten Sie sich nicht mit einer Teilnehmerin herum, die offenbar in ihrer passiven Opferhaltung verharren will. Lassen Sie sich nicht durch das Drama eines anderen Menschen deprimieren. Als Gruppenleiterin müssen Sie lernen, das unerschütterliche innere WISSEN aufzubringen, daß Heilung für jeden Menschen verfügbar ist,

wie immer die äußeren Umstände sich darstellen mögen. Die WAHRHEIT lautet, daß der Geist mächtiger ist als Krankheit, finanzielle Nöte oder Beziehungsprobleme!

11. Entwickeln Sie einen Sinn für Humor! Lachen ist ein wunderbarer Weg, den Dingen eine neue Perspektive abzugewinnen.

12. Manche Frauen in der Gruppe werden sehr intensive Emotionen durchleben, die sie ausdrücken und freisetzen müssen. Es ist wichtig, daß Sie in der Lage sind, auf solche Ausbrüche von Schmerz, Ärger oder Zorn angemessen zu reagieren, wenn Sie anderen dabei helfen wollen, diese Gefühle auf heilende Weise freizusetzen. Falls Sie sich vor tiefen Emotionen fürchten, sollten Sie gemeinsam mit einer guten Therapeutin den Grund für diese Furcht herausfinden.

13. Stellen Sie sich nach jeder Gruppensitzung vor den Spiegel und sagen Sie sich, wie gut Sie Ihre Sache machen, besonders wenn die Rolle der Gruppenleiterin neu für Sie ist.

14. Beginnen und beenden Sie Ihre Gruppensitzungen mit einer Meditation oder einer anderen zentrierenden Übung. Diese Übung könnte einfach darin bestehen, daß alle die Augen schließen und ein paarmal tief durchatmen. In meinen Gruppen lasse ich die Teilnehmer sich bei den Händen fassen. Ich fordere Sie auf, die Energie in den Händen der neben ihnen Sitzenden zu spüren. Dann erinnere ich sie daran, daß alle in

diesem Raum sich das gleiche wünschen: Jede Frau möchte gerne gesund und wohlhabend sein, Liebe geben und empfangen und Erfüllung finden, indem sie ihre schöpferischen Talente auf bestmögliche Weise ausdrückt. Während der Abschlußmeditation erinnere ich sie daran, daß jede von uns, ich selbst eingeschlossen, während dieses Treffens etwas gelernt hat, das unsere Lebensqualität verbessert. Dann füge ich hinzu: »Alles ist gut, und wir alle sind sicher und geborgen.«

15. Jede Gruppe ist anders, und jede gemeinsame Sitzung wird anders sein. Lernen Sie, harmonisch mit der Energie der Gruppe und der jeweiligen Sitzung zu fließen.

16. Für jede Sitzung benötigen Sie:
   - einen Kassettenrecorder, um Meditationskassetten und Musik abspielen zu können.
   - einen Handspiegel und/oder einen großen Wandspiegel
   - Papier und Schreibstifte
   - genügend Papiertaschentücher
   - falls von den Teilnehmerinnen gewünscht, Kerzen oder Weihrauch, um eine heilige Atmosphäre zu erzeugen

17. Bitten Sie die Teilnehmerinnen, zu jeder Sitzung ein Notizheft und einen eigenen Handspiegel mitzubringen. Wenn sie möchten, lassen Sie sie außerdem ein Kissen zum Sitzen und Meditieren mitbringen, und ein Stofftier, das sie bei Bedarf an sich drücken können!

Schlußbemerkung

Wir glauben, wir hätten sehr viele Probleme. Doch alle diese Probleme lassen sich vier grundlegenden Lebenskategorien zuordnen: Liebe, Gesundheit, Wohlstand und Selbstausdruck. Es gibt also, so erdrückend unsere momentane Situation auch wirken mag, lediglich vier Bereiche in unserem Leben, die wir in Ordnung bringen müssen. Und die Liebe ist darunter der wichtigste. Wenn wir uns selbst lieben, fällt es uns leicht, andere zu lieben, und den anderen fällt es leicht, uns zu lieben. Dadurch verbessern sich unsere zwischenmenschlichen Beziehungen und unsere berufliche Situation. Selbstliebe ist die entscheidende Voraussetzung für eine gute Gesundheit. Selbstliebe und die Liebe zum Leben öffnen uns für den Reichtum des Universums, so daß Wohlstand in unser Dasein strömen kann. Selbstliebe führt uns zu optimalem Selbstausdruck hin und ermöglicht es uns, auf tief befriedigende, erfüllende Weise schöpferisch zu sein.

Wir alle sind Pionierinnen!

Ich persönlich glaube, daß jede Frau von heute eine Pionierin ist. Die Pionierfrauen früherer Tage bahnten Wege durch die Wildnis. Sie gingen hohe Risiken ein. Sie mußten mit Einsamkeit und Furcht fertigwerden. Sie führten ein von Armut und Entbehrungen gekennzeichnetes Leben. Sie mußten beim Hausbau helfen und sich um die Nahrungsbeschaffung kümmern. Selbst wenn sie verheiratet waren, wurden sie von ihren Männern oft für lange Zeit alleingelassen. Diese Frauen mußten selbst für sich und ihre Kinder sorgen. Sie mußten sich in der größten Not bewähren. Und sie legten das Fundament für die Besiedlung dieses Landes. Ohne diese mutigen Frauen hätten die Männer Amerika nie zu dem machen können, was es heute ist.

Die Pionierfrauen von heute sind wie Sie und ich. Uns stehen unglaubliche Möglichkeiten offen, ein erfülltes Leben zu führen und Gleichheit zwischen den Geschlechtern zu verwirklichen. Wir wollen dort erblühen, wo wir gepflanzt wurden, und Postives für alle Frauen erreichen. Wenn das Leben uns gegenwärtig dazu treibt, eine neue Ebene des Selbstausdrucks und der Freiheit zu realisieren, muß es dafür einen Grund geben. Wir müssen gemeinsam herausfinden, wie wir den größten Nutzen aus dieser Entwicklung ziehen können. Wir brauchen neue Seekarten des Lebens. Die Gesellschaft insgesamt ist dabei, sich in unbekannte Gewässer vorzuwagen. Wir fangen gerade erst damit an, unser wahres Potential zu entdecken. Nehmen Sie also Ihren Kompaß und kommen Sie mit auf die Reise! Wir haben viel zu lernen und viel zu geben. Wir alle können Pfadfinderinnen und Schrittmacherinnen sein, ganz gleich, aus welchem Teil der Gesellschaft wir kommen.

Wir werden allein geboren und wir sterben allein. Es liegt bei uns selbst, wie wir die Zeit dazwischen ausfüllen. Unsere Kreativität und unsere Möglichkeiten sind grenzenlos. Wir streben danach, in der

Entfaltung unserer Fähigkeiten Freude zu finden. Viele von uns wuchsen in dem Glauben auf, wir könnten nicht für uns selbst sorgen. Es ist ein herrliches Gefühl, zu entdecken, daß wir das sehr wohl können. Wir sollten uns immer wieder sagen: »Was auch geschieht, ich bin jeder Herausforderung gewachsen.«

Was unsere emotionale Reife betrifft, sind wir Frauen auf einem Höhepunkt unserer Entwicklung. Wir sind jetzt besser als je zuvor. Die heutige Zeit bietet ideale Voraussetzungen dafür, daß wir unsere Zukunft selbst gestalten. Die Fortschritte, die wir jetzt erreichen, werden weltweit neue Standards für die Lebensqualität der Frauen setzen. Das Leben hält viele Möglichkeiten für uns bereit, die unser gegenwärtiges Vorstellungsvermögen weit überschreiten. Nie zuvor in der Geschichte standen den Frauen so viele Türen offen. Wir sollten uns gemeinsam bemühen, das Leben für alle Frauen zu verbessern. Dadurch wird sich gleichzeitig auch das Leben der Männer verbessern. Wenn Frauen ein sinnerfülltes, zufriedenes und glückliches Leben haben, werden sie wundervolle Kolleginnen, Partnerinnen und Lebensgefährtinnen sein. Und die Männer werden sich mit ihnen ebenbürtigen Frauen an ihrer Seite unendlich viel wohler fühlen!

Wir müssen dafür arbeiten, die Bande gegenseitiger Unterstützung zwischen den Frauen zu festigen, und einander auf unserem Wachstumspfad unterstützen. Wir haben heute nicht mehr die Zeit, unseren alten Konkurrenzkampf um die Gunst der Männer fortzusetzen. Die Frauen sind dabei, das zu erlangen, was ihnen immer schon zustand. Wir wollen unser Wissen immer mehr vervollkommnen, um die daraus resultierende Stärke und Macht an unsere Kinder und Enkelkinder weitergeben zu können. Dann werden Frauen nie wieder unter jener Diskriminierung und Gewalt zu leiden haben, die wir selbst, unsere Mütter und Großmütter erleben mußten. Diese neue Ebene der Freiheit und Anerkennung werden wir nur erreichen, wenn wir zusammen daran arbeiten, daß die Frauen den ihnen zustehenden Platz im Leben einnehmen.

Lieben Sie sich selbst,
und lieben Sie Ihr Leben!

In Ihnen steckt eine kluge,
kraftvolle, dynamische,
begabte, zuversichtliche,
lebendige, wache, wunderbare
Frau.
Lassen Sie sie zum Vorschein kommen
und spielen Sie.
Die Welt wartet auf Sie.

Anhang

Hilfe zur Selbsthilfe: Adressen

Informationen über Selbsthilfegruppen und andere Hilfsangebote in Ihrer Nähe erhalten Sie in der Regel bei den örtlichen Kirchengemeinden oder in den Büros der Wohlfahrtsverbände (in Deutschland z. B. Caritas, Diakonisches Werk, Arbeiterwohlfahrt).

Damit eine rasche Orientierung auch für diejenigen möglich ist, die erstmalig den Kontakt zu einer Selbsthilfegruppe suchen, gibt es NAKOS, die Internationale Kontakt- und Informationsstelle zur Anregung und Unterstützung von Selbsthilfegruppen. NAKOS ist eine Einrichtung der Deutschen Arbeitsgemeinschaft Selbsthilfegruppen und soll als zentrale Anlaufstelle dienen, um Betroffenen den Weg dorthin zu weisen, wo Hilfe zur Selbsthilfe für sie organisiert ist.

NAKOS – Internationale Kontakt- und Informationsstelle zur Anregung und Unterstützung von Selbsthilfegruppen
Albert-Achilles-Straße 65
10709 Berlin
Tel. 0 30-8 91 40 19
Fax 0 30-8 93 40 14

Deutsche Arbeitsgemeinschaft Selbsthilfegruppen e. V.
Albrecht-Achilles-Str. 65
10709 Berlin
Tel. 0 30-8 91 40 19

Deutsche Arbeitsgemeinschaft Selbsthilfegruppen e. V.
Bödekerstr. 85
30161 Hannover
Tel. 05 11-39 19 28

Bundesarbeitsgemeinschaft Hilfe
für Behinderte e. V.
Kirchfeldstr. 149
40215 Düsseldorf
Tel. 02 11-3 10 06-0
Fax 02 11-3 10 06-48

FRAUENSELBSTHILFE- UND UNTERSTÜT-
ZUNGSGRUPPEN:

actionsring frau und welt Bildungswerk
Bastionstr. 6
40101 Düsseldorf
Tel. 02 11-8 98 52 34
Frauengesprächsgruppen

alma-Frauen in der Wissenschaft e. V.
Lützowstr. 19
Tel. 04157 Leipzig
Fax 03 41-5 64 52 86

Amnesty for Woman (AfW)
Städtegruppe Hamburg e. V.
Louise-Schroeder-Straße 31
22767 Hamburg
Tel. 0 40-38 47 53

Arbeiterwohlfahrt Bundesverband e. V.
Am Sommerberg 86
51503 Rösrath
Tel. 0 22 05-8 01-0
Mädchentreffs, alleinerziehende junge Frauen,
Frauenhäuser, Müttergenesung, Arbeit mit älteren
Frauen

Arbeiterwohlfahrt Bundesverband e. V.
Verbindungsbüro
Mainstr. 11
14612 Falkensee
Tel. 0 33 22-28 39-0

Arbeitsgemeinschaft berufstätiger Frauen in der
christlich-demokratischen Arbeitnehmerschaft
Johannes-Albers-Allee 3
53639 Königswinter
Tel. 0 22 23-73-0
Fax 0 22 23-73-1 32

Arbeitsgemeinschaft der MBK – Missionarisch-
biblische Dienste unter Jugendlichen und Berufstätigen e. V.
Hermann-Löns-Str. 14
Postfach 5 60
32067 Bad Salzuflen
Tel. 0 52 22-18 05-0

Arbeitsgemeinschaft evangelischer Hausfrauen
(AEH) der EFD
Bödekerstr. 59
30161 Hannover
Tel. 0511-663366

Arbeitsgemeinschaft freie Stillgruppen Bundes-
verband e. V.
Sandstr. 25
97199 Ochsenfurt
Tel. 09331-3394
Fax 09331-20585
Stillgruppen im Bundesgebiet

Arbeitsgemeinschaft für alleinerziehende Mütter
und Väter in der EKD (agae)
Stafflenbergstr. 76
Postfach 101142
70010 Stuttgart
Tel. 0711-2159-276

Arbeitsgemeinschaft katholischer Frauenverbände
und -gruppen
Kaesenstr. 18
50677 Köln
Tel. 0221-314930

Arbeitsgemeinschaft sozialdemokratischer Frauen
Erich-Ollenhauer-Straße 1
53113 Bonn
Tel. 0228-532331 und -532206
Fax 0228-532410

Arbeitsgruppe Frauenerwerbslosigkeit des Arbeits-
losenverbands Deutschlands e. V.
Pettenkoferstr. 32
10247 Berlin
Tel. 0 30-5 89 49 43
Fax 0 30-7 07 41 45

Baufachfrau e. V.
Adlerstr. 81
44137 Dortmund
Tel. 02 31-14 33 38 und -16 39 94

Bayerischer Mütterdienst der evangelisch-
lutherischen Kirche e. V.
Deutenbacher Straße 1
90544 Stein
Tel. 09 11-68 06-0
Fax 09 11-68 06-77

Berufsgemeinschaft katholischer Frauen im
pastoralen Dienst e. V. Helferinnen
Passavantstr. 21
60596 Frankfurt
Tel. 0 69-63 69 32

Berufsverband hauswirtschaftlicher Fach-
und Führungskräfte e. V.
Römmelesweg 8
71394 Kernen
Tel. 0 71 51-4 37 70
Fax 0 71 51-4 76 25
Interessenvertretung, Erfahrungsaustausch,
Bildung

Berufsverband der katholischen Familienpflegerin-
nen und Dorfhelferinnen in Deutschland
Nordstr. 4
51379 Leverkusen
Tel. 02171-42540

Berufsverband der Orthoptistinnen Deutschlands
e. V.
Josephsplatz 20
90403 Nürnberg
Tel. 0911-22001

Berufsverband der Arzt-, Zahnarzt- und Tierarzt-
helferinnen e. V.
Bissenkamp 12
44135 Dortmund
Tel. 0231-556959-0
Beratung, Erfahrungsaustausch, Hilfe bei Ausbildung

Berufsverband katholischer Arbeitnehmerinnen
in Hauswirtschaft in Deutschland e. V.
Zwillingstr. 4
80807 München
Tel. 089-3567594

Bildungswerk Ost-West e. V.
Geschäftsführung
Angerstr. 30
04177 Leipzig
Tel. 0341-49089-0

Bonner Forum
Virchowstr. 18
46047 Oberhausen
Tel. 0208-875713
Frauen in Führungspositionen

Bücherfrauen e. V. – Women in Publishing
Eppendorfer Landstraße 30
20249 Hamburg

Bund demokratischer Wissenschaftlerinnen
und Wissenschaftler e. V.
Gisselberger Straße 7
35037 Marburg
Tel. 06421-21395

Bund deutscher Frauenvereine
Auf der Hufe 5
33613 Bielefeld

Bund Deutscher Sekretärinnen e. V.
Zentnerstr. 44
80796 München
Tel. 089-2716873
Beratung, Fortbildung, Erfahrungsaustausch,
Interessenvertretung, Karriereplanung

Bund Deutscher Hebammen e. V.
Steinhäuserstr. 22
76135 Karlsruhe
Tel. 0721-98189-0

Bund katholischer deutscher Akademikerinnen
Am Wichelshof 15
53111 Bonn
Tel. 0228-650408

Bundesarbeitsgemeinschaft der Pfarrhaushälterinnen
Prinz-Georg-Straße 44
40477 Düsseldorf
Tel. 0211-4499-244

Bundesarbeitsgemeinschaft Evangelischer
Familienbildungsstätten e. V.
Deutenbacher Straße 1
Postfach 1240
90544 Stein
Tel. 0911-67046-0

Bundesverband Unternehmerfrauen im Handwerk
Postfach 4169
76026 Karlsruhe
Tel. 0721-1354031

Bundesverband der Meisterinnen der Hauswirt-
schaft e. V.
Siebertstr. 5
81675 München
Tel. 089-9828405
Fax 089-982197
Interessenvertretung, Ausbildung, Fortbildung

Bundesverband der Frau im freien Beruf
und Management e. V.
Im Forst 10
51105 Köln
Tel. 0221-98377-98

Bundesverband Deutscher Kosmetikerinnen e. V.
Brüsseler Platz 26
50674 Köln
Tel. 0221-518730
Interessenvertretung, Ausbildung, Fortbildung,
Forschung, internationale Zusammenarbeit

Bundesvereinigung Liberale Frauen e. V.
Bundeshaus
Görresstr. 15
53113 Bonn
Tel. 0228 16-42226
Fax 0228-16-46027

Bündnis 90 / Die Grünen
Bundeshaus
Hochhaus Tulpenfeld
53113 Bonn
Tel. 0228-16-45518
Fax 0228-16-46552

Caritas-Gemeinschaft für Pflege- und Sozialberufe
Maria-Theresia-Straße 10
79102 Freiburg
Tel. 0761-708 61-0
Fax 0761-708 61-116

Caritas-Konferenzen Deutschlands, Diözesan-
verband e. V.
Freiburg e. V.
Maria-Theresia-Str. 10
79102 Freiburg
Tel. 0761-796906

Demokratische Fraueninitiative (DFI)
Rochusstr. 43
40479 Düsseldorf
Tel. 0211-4912078
Informationsveranstaltungen

Demokratischer Frauenbund e. V.
Clara-Zetkin-Straße 16
10117 Berlin
Tel. 030-6480498
Fax 030-6480498

Designerinnen Forum e. V.
Stresemannstr. 375
22761 Hamburg
Tel. 040-8901168

Designerinnen forum e. V.
Josef-von-Hirsch-Str. 45
82152 Planegg
Tel. 089-8593442

Deutsche Angestellten-Gewerkschaft
Bundesvorstand
Hauptabteilung Weibliche Angestellte
Karl-Muck-Platz 1
Hamburg
Tel. 040-34915-448
Fax 040-34915-400

Deutsche Hausfrauengewerkschaft e. V.
Mühlenpfad 2a
53179 Bonn
Tel. 0228-858433

Deutsche Sacré-Coeur-Vereinigung e.V.
Petersbergerstr. 10
53757 Sankt Augustin
Tel. 02241-337720

Deutscher Akademikerinnenbund e.V.
Guido-Hauck-Straße 27
74076 Heilbronn
Tel. 07131-178540
Fax 07131-166985

Deutscher Ärztinnenbund e.V.
Aachener Str. 233
50931 Köln
Tel. 0221-4004-540
Fax 0221-4004-541
Erfahrungsaustausch, Kongresse, Interessen-
vertretung

Deutscher Beamtenbund – Bundesfrauenvertretung
Peter-Hensen-Straße 5-7
Postfach 205005
53170 Bonn
Tel. 0228-811-0
Fax 0228-811-171

Deutscher Berufsverband der / Sozialarbeiterinnen,
Sozialpädagogen / Sozialpädagoginnen, Heil-
pädagogen / Heilpädagoginnen (DBSH)
Friedrich-Ebert-Str. 30
45127 Essen
Tel. 0201-82078-0

Deutscher Evangelischer Frauenbund e. V.
Bundeszentrale
Bödekerstr. 59
30161 Hannover
Tel. 05 11-9 65 68-0

Deutscher Familienverband e. V.
Zentrum für Tagesmütter und -väter
Christophstr. 41
50670 Köln
Tel. 02 21-12 00 19

Deutscher Frauenring e. V.
Bundesgeschäftsstelle
Talstr. 56a
66119 Saarbrücken
Tel. 06 81-5 47 10

Deutscher Gewerkschaftsbund – Abt. Frauen
Hans-Böckler-Str. 39
40476 Düsseldorf
Tel. 02 11-43 01-0
Fax 02 11-43 01-4 71

Deutscher Hausfrauenbund e. V.
Coburger Str. 19
53113 Bonn
Tel. 02 28-23 77 18

Deutscher Ingenieurinnenbund e. V.
Postfach 11 03 05
64218 Darmstadt

Deutscher Juristinnenbund e. V.
Sträßchensweg 28
53113 Bonn
Tel. 0228-91041-0
Fax 0228-238749

Deutscher Landfrauenverband e. V.
Godesberger Allee 142
53175 Bonn
Tel. 0228-378051/52
Fax 0228-375477

Deutscher Sekretärinnenverband e. V.
Geschäftsstelle
Nietzschestr. 89
67063 Ludwigshafen
Tel. 0621-695965
Fax 0621-632158

Deutscher Sportbund – Bundesausschuß Frauen
im Sport
Otto-Fleck-Schneise 12
Postfach 710263
60492 Frankfurt/Main
Tel. 069-6789-0
Fax 069-674906

Deutscher Staatsbürgerinnenverband e. V.
Tempelhofer Damm 2
12099 Berlin
Tel. 030-7858927

Deutscher Verband berufstätiger Frauen e. V.
Schwarzwaldstr. 53
60528 Frankfurt
Tel. 069-673589

Deutscher Verband Frau und Kultur e. V.
Briandstr. 2
42781 Haan
Tel. 0 21 29-48 61

Deutscher Verband technischer Assistenten
in der Medizin e. V.
Spaldingstr. 110b
20097 Hamburg
Tel. 0 40-23 14 36
Fax 0 40-23 45 04

Elisabeth-Selbert-Akademie
Eifelstr. 35
66113 Saarbrücken
Tel. 06 81-7 10 88 / 89
Fax 06 81-75 19 11

ergo e. V.
Steinweg 1
60313 Frankfurt
Tel. 0 69-28 70 46
Information, Training, Karriereplanung

Europäischer Erfinderinnen-Verband
Weisestr. 31
12049 Berlin
Tel. 0 30-6 21 25 86

EWMD European Women's Management
Development Network e. V.
Unterscheider Weg 20
51467 Bergisch Gladbach
Tel. 02 14-30 73 48
Netzwerk für Frauen in Führungspositionen

Evangelische Akademikerschaft in Deutschland
Kniebisstr. 29
70188 Stuttgart
Tel. 0711-282015

Evangelische Arbeitsgemeinschaft für Müttergenesung e. V.
Zweifalltorweg 10
64293 Darmstadt
Tel. 0 61 51-89 43 56

Evangelische Frauenarbeit in Deutschland e. V.
Emil-von-Behring-Str. 3
60439 Frankfurt
Tel. 0 69-95 80 12-0

Evangelische Frauenhilfe in Deutschland e. V.
Geschäftsstelle Ost
Behlertstr. 1a
14469 Potsdam
Tel. 03 31-2 80 00 38

Evangelische Frauenhilfe in Deutschland
Geschäftsstelle West
Zeppenheimer Weg 5
40489 Düsseldorf
Tel. 02 11-9 40 80-0

Evangelischer Fachverband für Kranken- und
Sozialpflege e. V.
Wilhelmshöher Straße 18b
60389 Frankfurt/Main
Tel. 0 69-47 04-2 15
Fax 0 69-47 04-2 15

Evangelisches Fortbildungsinstitut Burckhardt-
haus e. V.
Herzbachweg 2
63571 Gelnhausen
Tel. 0 60 51-89-0

Expertinnen-Beratungsnetz Hamburg
Brucknerstr. 1
22083 Hamburg
Tel. 0 40-29 10 26
Karriereplanung

Fachgruppe Frauenarbeit und Informatik
in der Gesellschaft für Informatik e. V.
Voltastr. 5 (Gebd. 10)
13355 Berlin
Tel. 0 30-4 63 60 61
Fax 0 30-4 63 40 43

FAU-Frauen als Unternehmerinnen e. V.
Oesdorfer Str. 14
91325 Adelsdorf
Tel. 0 91 95-67 93
Fax 0 91 95-74 18
Kontaktgruppe für Selbständige, Kunst-Leasing-
Initiative

FIM Vereinigung für Frauen im Management e. V.
Ebner-Eschenbach-Weg 23
21035 Hamburg
Tel. 0 40-73 59 02 77
Karriereförderung, Informationsaustausch, Gleich-
stellung, Treffen, Fachvorträge

FOPA – Feministische Organisation von Planerinnen
und Architektinnen
Adlerstr. 81
44137 Dortmund
Tel. 02 31-14 33 29

Frankfurter Forum e. V. (FF)
Beethovenstr. 7b
60325 Frankfurt
Tel. 0 69-74 78 30
Fax 0 69-74 04 96
Frauen in verantwortlichen Positionen im Rhein-
Main-Gebiet, Kontakte zu anderen Netzwerken

Frau und Gesundheit e. V.
Helenenweg 15
40822 Mettmann
Tel. 0 21 04-7 57 24
Frauen ab vierzig, Bildung, neue Wohn- und
Lebensformen

Frauen in Naturwissenschaft und Technik e. V.
Hasenheide 54
10967 Berlin
Tel. 0 30-6 91 97 22

Frauen-Union der CDU
Konrad-Adenauer-Haus
Friedrich-Ebert-Allee 73-75
53003 Bonn
Tel. 02 28-5 44-3 14 / 3 15
Fax 02 28-5 44-2 16

Frauen-Union der CSU
Franz-Josef-Strauß-Haus
Nymphenburger Straße 64-66
80335 München
Tel. 0 89-12 43-2 37
Fax 0 89-12 43-2 20

Frauenanstiftung e. V.
Elmsbütteler Straße 53
22769 Hamburg
Tel. 0 40-8 50 90 05
Hilfe bei der Finanzierung von Frauenprojekten

Frauendienst der evangelisch-methodistischen Kirche
Hans-Bredow-Straße 32a
65189 Wiesbaden
Tel. 06 11-72 11 48

Frauenfinanzdienst
Gereonshof 36
50670 Köln
Tel. 02 21-91 28 07-0
Arbeitskreis Versicherungs- und Finanzexpertinnen
für Frauen

Fraueninitiative 6. Oktober
Kirschallee 6
53115 Bonn
Tel. 02 28-21 69 13

Frauenmuseum
Wörthstr. 5
65185 Wiesbaden
Tel. 06 11-3 08 17 63

Frauenselbsthilfe nach Krebs e. V.
Bundeszentrale
B6, 10
68161 Mannheim
Tel. 06 21-2 44 34

Frauenverband Courage e. V.
Bergisch Gladbacher Str. 1006
51069 Köln
Tel. 02 21-6 80 10 88

GEDOK – Verband der Gemeinschaft der Künst-
lerinnen und Kunstfreunde – Künstlerinnenforum
Kaiserstr. 63
76131 Karlsruhe
Tel. 07 21-37 41 37

Gesellschaft für Geburtsvorbereitung
Dellestr. 5
40627 Düsseldorf
Tel. 02 11-25 26 07
Bundesverband

Gewerkschaft Erziehung und Wissenschaft (GEW)
Reifenberger Str. 21, Postfach 90 04 09
60444 Frankfurt / Main
Tel. 0 69-7 89 73-0
Fax 0 69-7 89 73-2 01 / 2 02

Goldrausch Frauennetzwerk e. V.
Potsdamer Str. 139
10783 Berlin
Tel. 0 30-2 15 75 54
Kredite und Zuschüsse, Weiterbildung in Touris-
mus und Kunst

Die Grauen
Rathenaustr. 2
42227 Wuppertal
Tel. 0202-660878
Fax 0202-646290

Gustav-Adolf-Werke der EKD – Frauenarbeit
Werderstr. 34a
76137 Karlsruhe
Tel. 0721-377680

Helga-Stödter-Stiftung zur Förderung von Frauen
in Führungspositionen
Golfstr. 7
21465 Wentorf
Tel. 040-7201099

Hildegardis-Verein e. V.
Hangstr. 23
52076 Aachen
Tel. 0241-61731
Studienförderung für Studentinnen

In Via – Verein Katholischer Mädchensozialarbeit
Berlin e. V.
Tübinger Str. 5
10715 Berlin
Tel. 030-85784-285

Internationale Frauenliga für Frieden und Freiheit
(IFFF)
Auf der Scharnstr. 18
46509 Xanten
Tel. 02801-6411

Internationaler Bund für Sozialarbeit-Jugendsozial-
werk e. V.
Vorstand
Burgstr. 106
60389 Frankfurt
Tel. 0 69-9 45 45-0
Mädchentreffs, Frauenwohnheime, berufliche Bil-
dung, Beratung allgemein und psychosozial, Kultur

Irenenring Evangelische Schwesternschaft e. V.
Dannecker Str. 18
70182 Stuttgart
Tel. 07 11-24 59 51

Journalistinnenbund e. V.
Bonner Talweg 55
53113 Bonn
Tel. 02 28-26 27 82

Jüdischer Frauenbund in Deutschland
Alteburgerstr. 338
50968 Köln
Tel. 02 21-38 28 50

Kaiserswerther Verband deutscher Diakonissen-
Mutterhäuser e. V.
Landhausstr. 10
10717 Berlin
Tel. 0 30-86 00 98-0

Karriere-Hotline
Reinhardswaldstr. 6
33332 Gütersloh
Tel. 0 52 41-4 61 88
Telefon-Netzwerk

Katholische Arbeitnehmerbewegung / Frauen West-
deutschlands (KAB / F)
Bernhard-Letterhaus-Straße 26
50670 Köln
Tel. 0221-772 05 38

Katholische Frauengemeinschaft Deutschlands –
Zentralverband (kfd)
Prinz-Georg-Straße 40
40477 Düsseldorf
Tel. 0211-4 49 92-0
Fax 0211-4 49 92-75

Katholischer Deutscher Frauenbund (KDFB)
Kaesenstr. 18
50677 Berlin
Tel. 0221-31 49 30
Fax 0221-32 29 54

Katholischer Berufsverband für Pflegeberufe e. V.
Kaiserstr. 42
55116 Mainz
Tel. 0 61 31-23 23 40
Fax 0 61 31-22 71 49

kom!ma – Verein für Frauenkommunikation
Himmelgeister Str. 107
40225 Düsseldorf
Tel. 0211-31 49 10
Fax 0211-31 49 84
Adreßbuch Düsseldorf, Frauen-Netzwerk
Chemnitz-Düsseldorf, regionale Frauenarbeit,
Informationsfluß

Kommission Frauen in der Mission – Evangelisches
Missionswerk in Deutschland e. V.
Normannenweg 17-21
20537 Hamburg
Tel. 0 40-2 54 56-0

Konferenz für Berufstätigenarbeit innerhalb der EFD
c/o Frauenwerk der evangelisch-lutherischen
Kirche Hannovers
Archivstr. 3
30169 Hannover
Tel. 05 11-12 41-4 40

Konvention evangelischer Theologinnen
in Deutschland e. V.
Ahnwers Wiese 14
28865 Lilienthal
Tel. 0 42 98-3 17 94

Kreis katholischer Frauen Heliandbund e. V.
Lilienstr. 61
67112 Mutterstadt
Tel. 0 62 34-75 44

Komponistinnen gestern-heute e. V.
Theaterstr. 11
69117 Heidelberg
Tel. 0 62 21-16 68 61
Fax 0 62 21-18 20 72

La Leche Liga Deutschland e. V.
Postfach 96
81214 München
Tel. 0 40-5 50 01 39
Informationen, Hilfen rund ums Stillen

Lachesis e. V. – Berufsverband für Heilpraktikerinnen
Wittener Straße 48
44575 Castrop-Rauxel
Tel. 0 23 05-2 17 97

Landsmannschaft der Siebenbürger Sachsen
in Deutschland e. V.
Sendlinger Str. 62
80331 München
Tel. 0 89-23 66 09-0

Laufnetz
Postfach 11 03
16291 Schwedt
Tel. 0 33 32-46 23 50
Frauen und Arbeit

LISA, Frauenarbeitsgemeinschaft der PDS
Karl-Liebknecht-Haus
Kleine Alexanderstraße 28
10178 Berlin
Tel. 0 30-2 40 09-6 45
Fax 0 30-2 40 09-4 00

Münchner Wirtschaftsforum e. V. (MWF)
c/o Office Team
Sonnetal 21
83677 Greiling
Tel. 0 80 41-94 54
Fax 0 80 41-7 16 97
Verbindung beruflich engagierter Frauen aus dem
süddeutschen Raum mit anderen Netzwerken

Mütterzentren Bundesverband e. V.
Müggenkampstr. 30a
20257 Hamburg
Tel. 0 40-49 61 56

Netzwerk archäologisch arbeitender Frauen
Wildermuthstr. 40
72076 Tübingen
Tel. 0 70 71-4 39 51 und 0 71 52-4 14 28
Informationsaustausch, Treffen, Seminare,
feministisch-archäologische Debatten

Netzwerk Erfinderinnen und Forscherinnen
Postfach 11 51
52012 Aachen

Netzwerk historisch arbeitender Frauen
Langgasse 20-22
65183 Wiesbaden
Tel. 06 11-3 08 16 94
Büro der Frauenanstiftung, Treffen, Zeitschrift
Hypatia, Frauenforschung

Ost-Arbeitsgemeinschaft Frauenhäuser
c/o 3. autonomes Frauenhaus Berlin
Postfach 02 36
10322 Berlin
Tel. 0 30-5 53 15 05

Pfarrfrauenbund
Hauptstr. 1
77963 Schwangau
Tel. 0 78 24-42 13

Pömps e. V. – Netzwerk für Frauen
Niedernstr. 9
32657 Lemgo
Tel. 0 52 61-18 95 57
Unterstützung und Informationsaustausch, berufs-
und fachübergreifend

Pro Familia
Bundesverband
Stresemannallee 3
60596 Frankfurt
Tel. 0 69-63 90 02

Schöne Aussichten – Interessengemeinschaft für
Frauenbetriebe und -projekte e. V.
Gereonshof 36
50670 Köln
Tel. 02 21-91 28 07-80
Fax 02 21-91 28 07-90
Interessengemeinschaft für Frauenbetriebe und
-projekte (Versicherung, Finanzierung, Förderung
von Frauen durch Schulung, Seminare)

Schwesternschaft des Evangelischen Diakonie-
vereins e. V.
Glockenstr. 8
14163 Berlin
Tel. 0 30-8 01 80 91

Software-Haus von Frauen für Frauen und
Mädchen e. V.
Hohenstaufenstr. 8
60327 Frankfurt / Main
Tel. 0 69-7 41 14 04 / 05
Kooperation mit anderen EDV-Bildungs-
einrichtungen für Frauen und Mädchen

Soroptimist International Deutsche Union
Rühlmannstr. 7
30167 Hannover
Tel. 05 11-7 10 08 76

Sozialdienst katholischer Frauen e. V. (SkF)
Agnes-Neuhaus-Heim
Arndtstr. 3
44135 Dortmund
Tel. 02 31-52 83 22
Fax 02 31-52 67 51

Terre des femmes e. V. – Menschenrechte für die Frau
Nauklerstr. 60
72074 Tübingen
Tel. 0 70 71-2 42 89
Menschenrechte für die Frau

Top – Frauen machen Messe und Kongreß
und die Männer machen mit
c/o Messe Düsseldorf
Postfach 10 10 06
40001 Düsseldorf
Tel. 02 11-45 60-01
Fax 02 11-45 60-6 68
Messe zur Förderung der Kommunikation um
und unter Frauen

Unabhängiger Frauenverband UFV
Lindenstr. 53
14433 Potsdam
Tel. 03 31-29 23 83
Frauenverband besonders für die neuen Bundes-
länder

Universität Dortmund – Frauenstudien
August-Schmid-Straße 4
44221 Dortmund
Tel. 0231-755-1
Fax 0231-759655
Weiterbildendes Studium zum Thema Frauen
(Abitur nicht Voraussetzung)

Verband alleinstehender Frauen e. V. (VAF)
Sieglindestr. 6
12159 Berlin
Tel. 030-8515120

Verband alleinstehender Mütter und Väter
Von-Groote-Platz 20
53173 Bonn
Tel. 0228-352995
Fax 0228-358350

Verband bi-nationaler Familien und Partner-
schaften, IAF – Interessengemeinschaft der
mit Ausländern verheirateten Frauen e. V.
Vorgebirgsstr. 6
53111 Bonn
Tel. 0228-630253

Verband der Filmarbeiterinnen e. V.
Friesenwall 83
50672 Köln
Tel. 0221-132453

Verband der deutschen evangelischen Bahnhofs-
mission
Stafflenbergstr. 76
Postfach 10 11 42
70010 Stuttgart
Tel. 07 11-21 59-0

Verband der Seemannsfrauen e. V.
Weißenmoorstr. 240b
26125 Oldenburg
Tel. 04 41-30 24 98

Verband der weiblichen Arbeitnehmer
Werner-Hilpert-Straße 2
34117 Kassel
Tel. 05 61-70 09-0
Fax 05 61-70 09-2 11

Verband deutscher Unternehmerinnen e. V. (VDU)
Gustav-Heinemann-Ufer 94
50968 Köln
Tel. 02 21-37 50 74 / 75
Fax 02 21-34 31 71

Verband katholischer Frauen in Wirtschaft
und Verwaltung e. V. (KKF)
Donaustaufer Straße 133
93059 Regensburg
Tel. 09 41-44 87 87

Verein berufstätiger Mütter e. V.
Volksgartenstr. 12
50677 Köln
Tel. 02 21-32 65 79

Verein für internationale Jugendarbeit, Bundes-
verein e. V.
Wesselstr. 8
53113 Bonn
Tel. 02 28-69 89 52

Verein katholischer deutscher Lehrerinnen
Hedwig-Dransfeld-Platz 4
45143 Essen
Tel. 02 01-62 30 29
Fax 02 01-62 15 87

Vereinigung der Ordensoberinnen Deutschlands (VOD)
Bonner Talweg 135
53129 Bonn
Tel. 02 28-21 21 15
Fax 02 28-22 18 19

Vereinigung Deutscher Pilotinnen
Bergstr. 3
85774 Unterföhring
Tel. 0 89-9 50 45 40

VFFR – Verein zur Förderung von Frauen-
erwerbstätigkeit im Revier e. V.
Hospitalstr. 6
44149 Dortmund
Tel. 02 31-17 94 35

Weißer Ring – Gemeinnütziger Verein zur Unterstützung von Kriminalitätsopfern und zur Ver-
hütung von Straftaten
Weberstr. 16
55130 Mainz
Tel. 0 61 31-83 03-0
Fax 0 61 31-83 03-45

Wildwasser – Arbeitsgemeinschaft gegen sexuellen
Mißbrauch
Mehringdamm 50
10961 Berlin
Tel. 0 30-7 86 50 17

Wir Frauen – Verein zur Förderung von Frauen-
publizistik e. V.
Rochusstr. 43
40479 Düsseldorf
Tel. 02 11-4 91 20 78
Information, Seminare

Women's International Zionist-Organisation –
WIZO-Föderation Deutschland e. V.
Joachimstaler Str. 13
10719 Berlin
Tel. 030-8 82 55 89

WOMAN-Welt-Organisation der Mütter
aller Nationen, Deutschlandzentrale
Matthias-Claudius-Straße 12
30989 Gehrden
Tel. 0 51 08-42 87

Zartbitter – Arbeitsgemeinschaft gegen sexuellen
Mißbrauch
Stadtwaldgürtel 89
50935 Köln
Tel. 0221-405780

Zehlendorfer Verband für evangelische Diakonie
Glockenstr. 8
14163 Berlin
Tel. 030-8018091

Zentrale Informationsstelle für autonome Frauenhäuser (ZIF)
Postfach 10 41 43
34041 Kassel
Tel. 05 61-8 43 13

Zonta International, Area Deutschland
Adolfstr. 40
38102 Braunschweig
Tel. 05 31-79 50 62
Club berufstätiger Frauen in leitenden Positionen

AIDS:

Deutsche Aids-Hilfe e. V.
Dieffenbachstr. 33
10967 Berlin
Tel. 0 30-69 00 87-0
Fax 0 30-69 00 87-42

ALKOHOL:

Anonyme Alkoholiker Interessengemeinschaft
Landwehrstr. 9
80336 München
Tel. 0 89-1 92 95

ANOREXIE, BULIMIE:

Aktionskreis Eß- und Magersucht »Cinderella« e. V.
Westendstr. 35
80339 München
Tel. 0 89-5 02 12 12

BEHINDERTENHILFE:

Bundesverband Lebenshilfe für geistig Behinderte
Raiffeisenstr. 18
35043 Marburg
Tel. 0 64 21-4 91-0
Fax 0 64 21-4 91-1 67

Bundesverband Selbsthilfe Körperbehinderter e. V.
In der Au
74238 Krautheim
Tel. 0 62 94-68-0
Fax 0 62 94-9 53 83

DIABETES:

Deutscher Diabetikerverband e. V.
Hahnbrunnenstr. 46
67659 Kaiserslautern
Tel. 06 31-7 64 88
Fax 06 31-972 22

Deutsche Diabetes-Union
Drosselweg 16
82152 Krailling
Tel. 0 89-8 57 12 49
Fax 0 89-8576488

DROGEN:

Bundesverband der Elternkreise drogengefährdeter
und drogenabhängiger Jugendlicher
Köthener Straße 38
10963 Berlin
Tel. 030-2 62 60 98

Gesellschaft gegen Alkohol- und Drogengefahren
Chemnitzer Straße 50
04289 Leipzig
Tel. 0341-8629036
Fax 0341-8629037

KREBS:

Deutsche Krebsgesellschaft
Paul-Ehrlich-Straße 41
60596 Frankfurt / Main
Tel. 069-630096-0
Fax 069-639130

Deutsche Krebshilfe e. V.
Thomas-Mann-Str. 40
53111 Bonn
Tel. 0228-729 90-0
Fax 0228-729 90-11

Förderkreis krebskranke Kinder
Büchsenstr. 22
70174 Stuttgart
Tel. 0711-297356
Fax 0711-294091

SCHULDEN:

Bundesarbeitsgemeinschaft Schuldnerberatung e. V.
Motzstr. 1
34117 Kassel
Tel. 0561-771093
Fax 0561-711126

SPIELSUCHT:

Aktion Glücksspiel – Verein zur Bekämpfung
problematischen Spielverhaltens
Venloer Str. 865
50827 Köln
Tel. 02 21-5 80 18 78

SUCHT:

Hilfe zur Selbsthilfe Suchtkranker und Sucht-
gefährdeter e. V.
Postfach 10 29 03
69019 Heidelberg
Tel. 0 62 21-76 76 55

Kreuzbund
Selbsthilfeorganisation und Helfergemeinschaft für
Suchtkranke
Münsterstr. 25
59065 Hamm
Tel. 0 23 81-6 72 72-0

Telefon-Notruf für Suchtgefährdete e. V.
Tal 19
80331 München
Tel. 0 89-28 28 22
Fax 0 89-22 50 96

EMPFEHLENSWERTE LITERATUR
VON STARKEN FRAUEN

COBURN, JENNIFER
Take Back Your Power: A Working Woman's
Response to Sexual Harassment.

COLLINS, TERAH KATHRYN
The Western Guide to Feng Shui.

CONEY, SANDRA
The Menopause Industry.

DEAN, AMY E.
Ruhe finden. Tägliche Meditationen für alle, die sich
vom Druck des Alltags befreien wollen. Scherz 1996

DE ANGELIS, BARBARA
Wieviele Frösche muß ich küssen? Heyne 1996

DIAMOND, MARILYN
Fit fürs Leben. Das Kochbuch. Goldmann 1988

FORER, JUDGE LOIS
What Every Woman Needs to Know Before (and
After) She Gets Involved with Men and Money.

HANSEN, CAROL
Lighten Up (Audiokassette)

HEILBRUN, CAROLYN
Reinventing Womanhood.

JEFFERS, SUSAN
Selbstvertrauen gewinnen. Die Angst vor der Angst
verlieren. Kösel 1995

KEENE, JULIE UND JENSON, IONE
Women Alone: Creating a Joyous and Fulfilling Life.

MYSS, CAROLINE
Geistkörper-Anatomie. Die sieben Zentren von
Kraft und Heilung. Delphi bei Droemer Knaur 1997

NORTHRUP, CHRISTIANE
Frauenkörper, Frauenweisheit. Bewußt leben, ganzheitlich heilen. Zabert Sandmann 1996

NORWOOD, ROBIN
Wenn Frauen zu sehr lieben. Die heimliche Sucht,
gebraucht zu werden. Rowohlt 1986

RECTOR-PAGE, LINDA G.
Cooking for Healthy Healing

RECTOR-PAGE, LINDA G.
Healthy Healing. An Alternative Healing Reference.

REILLY, PATRICIA LYNN
A God Who Looks Like Me.

SHEEHY, GAIL
In der Mitte des Lebens. Die Bewältigung vorhersehbarer Krisen. Droemer Knaur 1992

SINETAR, MARSHA
Do What You Love, the Money Will Follow

TRAFFORD, ANGELA PASSIDOMO
The Heroic Path: One Woman's Journey from Cancer
to Self-Healing.

VIRTUE, DOREEN
I'd Change My Life, If I Had More Time.

WILLIAMSON, MARIANNE
Frausein als Weg. Die Wiederentdeckung des Weiblichen. Goldmann 1995